JN004722

おいしいふ〜せん

角野栄子

わたしはふーせんおばさん。
いつもぷーぷーと浮いてます。
行き先は風次第。
とっても気楽な身分なんです。
でも、いつも好奇心という空気をいっぱいにしておかないとね。
たちまちしぼむ運命……ご用心、ご用心！

行き先は風次第……？
ちょっと悔しい気もします。
運転も自分でやりたいおばさんです。

はじめに

もくじ

1

ゆすらんめのジュース

作品の中で食べものを書くのはたのしい。根っからの食いしんぼうなのだ。といってもグルメではない。ただおいしく、おもしろく、珍しいものを食べたい想《おも》いがつのって、書いている。

私の幼年童話の主人公、小さなおばけアッチはコックさんだから、小さな読者がびっくりするようなものをつくりたいと、いつもせっせと考えている。例えば、「1本だけのスパゲッティ」とか、「いもむしグラタン」とか、「どくりんごデザート」とか……。「ママ、これつくってみようよ」と言ったとき、「これはおはなしの中の食べものだからつくれないの」なんて、言われないようにちゃんと食べられるものを書くようにしている。

ところがひとつだけ『魔女の宅急便』に、子供のときの思い出を懐かしんで、ただそれだけで書いてしまったものがあって、食べられるかどうか、ちょっと心配していた。それはよもぎさんというおばあさんが、キキにだす「ゆすらんめジュース」。私の育った家の庭にはゆすらんめの木が1本だけあって、ほんの少しなる実をつまんでは口に

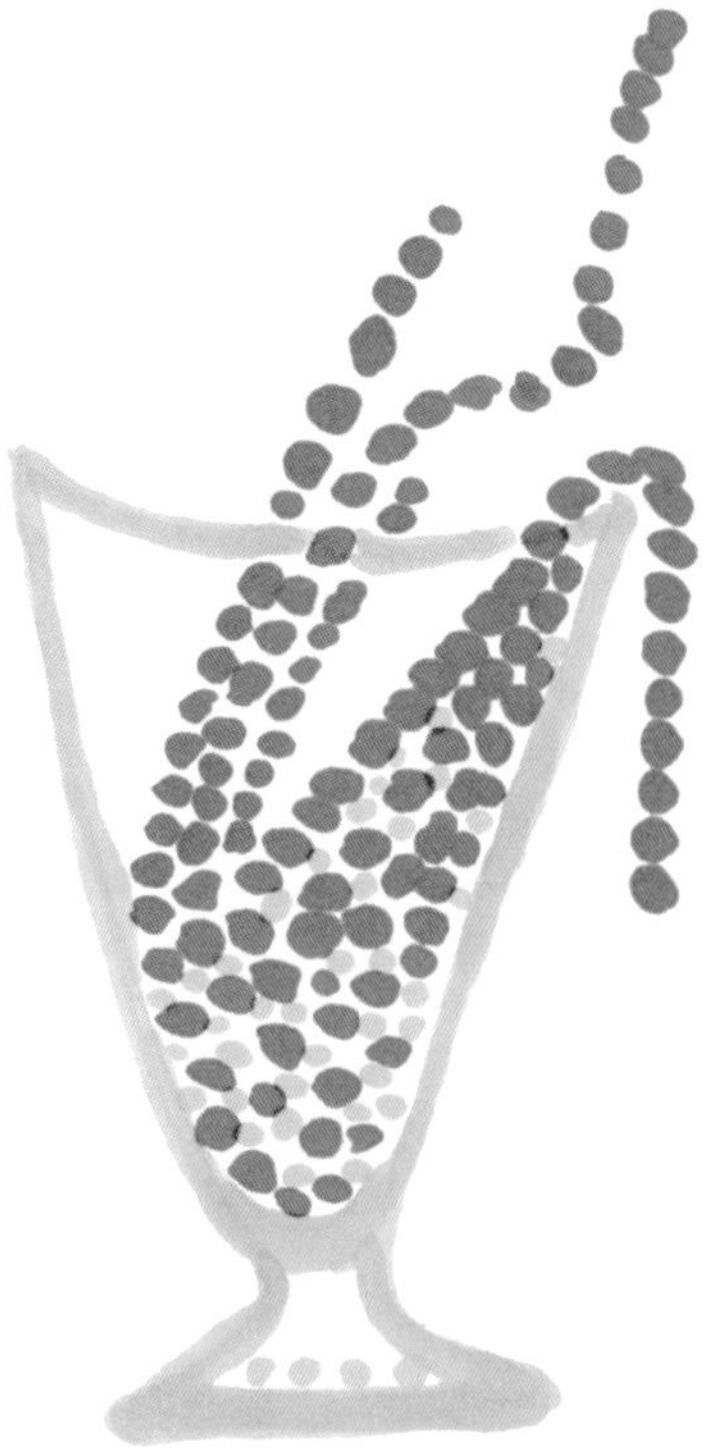

入れたことがあった。酸っぱかった。これからジュースがとれるなんてちょっと思えなかったけど、ほんのりと桃色でとっても愛らしい実だった。その愛らしさの記憶でこのジュースを登場させてしまった。あったらいいな……そんな気持ちだった。

ある日、静岡在住の読者から、「ゆすらんめのジャムです。ソーダで割るとゆすらんめのジュースになりますよ」とカードがついて送られてきた。瓶に入ったそのジャムは、実に美しい色をしていた。純粋無垢《むく》の赤。おひさまの愛をたっぷり含み、すべての赤の中の赤。そう言いたい色をしていた。写真もそえられていた。今まで私が見たどんな実よりも美しいベリーだった。

私は早速炭酸を買いに走り、ジュースにして飲んだ。小さな泡がじわじわと上ってきて、それは私のときめきのようだった。

物語のちょっとした彩りのつもりで書いた飲みものが、遠く離れた人の目にとまり、収穫期を待って、ジャムにして送ってくれたのだ。物語の中の「よもぎさん」は不治の病の息子をかかえている。このジュースを飲みながら、私は改めてよもぎさんの哀《かな》しみと、心の強さを想った。このジュースのおかげで、作家である私が、よもぎさんをより深く理解することができたように思う。物語ってふしぎな育ち方をする。

カフェジンニョ

「えっ、ないの？ ブラジル帰りなのに！」

私は首を横に振る。

わが家にはないのだ。コーヒーをいれる道具。今でも使えるアンティークのコーヒーミルはあるけど、今やインテリアの小物になっている。

仕事の合間に飲むコーヒーはあることはある。

インスタントならね。

私がかつて住んでいた、コーヒー生産国・ブラジルのサンパウロには、通りの角かどに「カフェ」があった。人はちょこっとそこによって、小さなカップに入った「カフェジンニョ」にお砂糖をたっぷり入れて、二口ぐらいでグイッグイッ。後に残ったジャリジャリしたお砂糖をスプーンですくって、口に入れる。それも楽しみ！

友達とすれ違えば、「トマ カフェ」（カフェ、飲まない？）と言って、まるで握手の代わりみたいに、一緒に飲む。もちろん普通のコーヒーもあるけど、私は

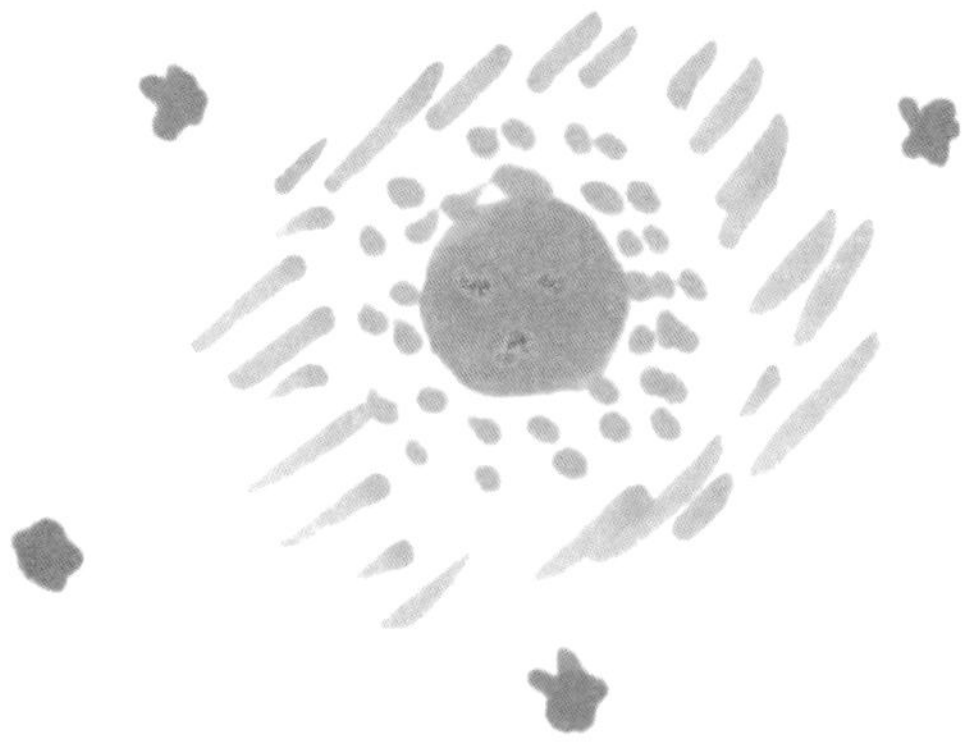

このおチビさんコーヒーが好きだった。同じようなものはポルトガルでは、ビッカといい、イタリアではエスプレッソという。どちらも美《お》味《い》しい。でもブラジルのは思い出が入っているぶん、格別だ。

　それで時々、ブラジル人が多く住む群馬県の街まで、車を飛ばして飲みに行った。でも、今は免許がない。

　なんとか美味しいカフェジンニョを見つけたいと、家の近所、いろいろ飲んでみた。でもどこかが違うのだ。ぬるかったり、苦かったり、酸っぱかったり。そしてやっと見つけた。「マチ子さんのコーヒー」。美人のマチ子さんがやっている、小さなお店のコーヒー、これがたまらなく美味しい。発見までそこそこ10年もかかった。

　それから、ブラジル人を気取って、ちょこちょこと入って、グイッと飲んで、すぐ出てくる。飲んだ後では、私の背中が、ちょっぴりぴんとする。街の景色もちょっぴり変わる。たった二口なのに。

サンドイッチ　サンドイッチ

戦後まもなく、朝日新聞に、「ブロンディ」というアメリカの漫画が連載された。そのころのアメリカの、ごく普通の家庭の日常をおもしろく書いたものだった……と、今はそう思えるけど、戦後3、4年ごろの日本の暮らしとは、天と地ほどの違いがあった。

その「ブロンディ」の家のパパ、ダグウッドがおなかをすかせて、夜中に内緒でつくるサンドイッチがすごかった。食パンの間にどんどん、あるものなんでもはさみ入れて、重ねていく。ハムあり、レタスあり、卵あり、みるみる、ニューヨークのエンパイアステートビルもかくやと積み上がる。お皿にのせると、ゆらゆら揺れ、あっ、倒れそう!!　でも倒れないのが、ミソ!!

なんと言おうか、想像を超える豪華なぬすみ食いだった。

ところが私は、彼がそれを食べているところを見た記憶がない。ごちそうを目の前にして、夢は終わってしまった。どうやって食べたのだろう、あのサンドイッチ。心残りだった。

このごろ、街で売ってるハンバーガーが、このサンドイッチに似てきた。この積み上げ、はさみ込み式がトレンドらしい。肉やら、エビやら、鶏やら、卵やら、トマトやら、ポテトやら、積んで、積んで、積み上げて、あげくに、トマトソースやチーズをかけ、さらに盛り上げる。それを三角形の紙に、ぼんと入れて、テイクアウト。

さて、この巨大なハンバーガーを口を開けて、どうやって食べるか、見たい！

観光客であふれている鎌倉の商店街でのこと、すぐそばを金髪の中年のおじさんが、片手でこの高層ハンバーガーを持って歩いてる。私は横目で見て、声もなく叫んだ。

あっ、今度こそ、食べるとこを見られる！

と、突然パタパタパタパタと風の音、同時に「あっ！」という声。彼の手の中のハンバーガーは忽然《こつぜん》と消えていた。

トンビにさらわれてしまった。

またしても、見損なった。

ワンピース

子供のころの洋服には、大体みんな名前をつけていた。

「××ちゃん」
「おだかやさん」
「水兵さん」
「ちょうちん袖」

これは戦争が始まる、ちょっと前ぐらいに、私が持っていた洋服の名前。そんなご時世だから、ちょっといい洋服は季節合わせてこれぐらい。だから忘れないのかもしれない。

そのころは既製品というのがなくて、親がつくるか、町の仕立て屋さんに頼むかの、どちらかだった。せいぜい年に一度の晴れ着といってもいい。

「××ちゃん」は紺色のサージ（薄いウール）のワンピースで、小学1年生の時の入学時につくってもらったもの。胸のところに、タックがあって、そこに赤い糸で、××と刺《し》繍《しゅう》がしてあった。

「おだかやさん」は、近くのお菓子屋さんの店員さんの制服の真似《まね》。詰め襟でボタンは中央でなく、どちらかに寄っていた。

「水兵さん」は、白いセーラー服。

「ちょうちん袖」は、叔父の結婚式のために、有名な銀座の子供服専門店で買ってもらった。４歳ぐらいだったと思う。私が後にも先にもブランドものを持ったのは、これだけといってもいい。小花の模様、オレンジ色でしぼりのある薄い布地の感触を、今でも覚えている。

　この小さな洋服が、今でも私の、「すき」「きらい」の基準になっているような気がする。

はじめてのセーラー服

　まもなく始まった戦争で、おしゃれなどは吹っ飛んでしまったけど、この「ちょうちん袖」は、ずっと私のどこかにかくれていたらしい。それで、85歳になった今でも、かわいいもの、きれいなものが着たい。

　そう思える時代がありがたい。

一ねんせいだもん

名前はバカヤロー

今から60年ほど前、ブラジルのサンパウロで暮らし始めたとき、まずは食べ物の名前を覚えなくてはと思った。日々の暮らしにはこれは欠かせない。私の格闘が始まった。

お肉屋さんに行けば、大きな牛の縦割り半分がつり下がっている。「これを」と指差して、全部買わされでもしたらと思うと怖い。（まさか！）

部位の名前がわからなかったら、ひき肉も、ステーキ肉も買えないのだ。まずは「塩」から始まり、一つずつ覚えていった。

ある日のこと、街を歩いていると、妙なにおいが漂ってきた。生臭いけど、ちょっとそそられるにおい。「くさやみたい」。これなら私の大好物。「くんくん」と鼻をならす。

店先に、ちょうど三角凧《だこ》のような形をした、白っぽいものが薄い布団のように重なっておいてある。近づくと、それは1メートルもある大きな魚を背びらきにして、塩づけにしたものの

ようだった。とっさに浮かんだのは、「お茶づけに合いそう」の気持ち。でも、これもまた大きい。

　立ち去り難く、眺めていると、店から人が出て来て、「バカレアオ?」と言った。私は手刀のジェスチャーをして、「カット」と言ってみる。「オー、ナウン！」と、相手は首を振る。

　お茶づけは諦める。でも、私は名前だけは、しっかりと覚えた。この妙なにおいの魚の名前は「バカヤロー」という。「ちがう、ちがう、バカレアオだよ。バカヤローじゃない」とご親切に直してくれても、一度覚えた言葉を変えられないのは私の語学ぐせ。ずっと「バカヤロー」で通した。

　この魚は、たら。大きささえ問題なければ、お茶づけに合わなくはない。でも、この国では美味《おい》しい食べ方があるのだ！

　その1、塩抜きしてゆで、ホカホカのゆでジャガイモと一緒に、ニンニクとオリーブオイルをソースに食べる。

　その2はコロッケ。塩抜きしたたらを細く裂いて、コロッケにする。これは最高！　星二つ！　ポルトガルでも全く同じものが食べられる。街角のカフェにはおいてあるから、それを一つ買って、立ったまま食べる。旅の途中のおやつにちょうどいい。大抵、隣に「ひき肉コロッケ」もおいてあるから、お間違いのないように。大きな声で「バカヤロー・コロッケ」と言ってください。通じます。

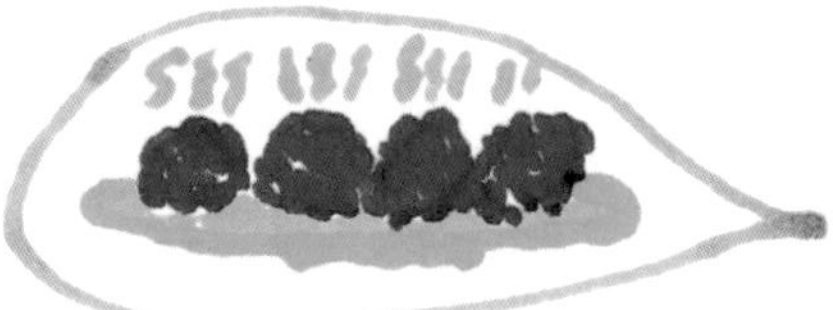

たんぽぽサラダ

たんぽぽって、なんかうれしい。理屈はない。

わが家の小さな庭の土質が悪い、と植木屋さんに言われた。

なぜ？　古い都の土地だから、土は古いに決まってる。でも、古いとダメなの？……と思いつつ、植木屋さんに新しい土を運び込んでもらった。

そして、春。ちらほらっと緑の葉が出てきたと思ったら、それがいっせいに花を咲かせた。

たんぽぽだ!!

おう、やっぱり新しい土がよかったんだ。素晴《すば》らしい。

早速写真に撮って、花好きの友人に送った。

「すごーい。これは今、日本から消えようとしている絶滅寸前の日本たんぽぽよ。とっても珍しいのよ。大事にしてよ」

私の頭はちょっと混乱。

新しい土を入れたら、古くからの在来種の花が咲くとは……。

どういうこと？

大事にしなければ。でも、どうやって？

まず、食べてはいけない……思い出した。

小さい時、私はたんぽぽの茎を折って、じわっと出てくる白い汁を見つめながら、もういない母を思った。

お母さんのおっぱいって、こんな色だったかもしれない。5歳の私は、思わずチュッと吸ってしまった。苦い！　慌てて、水を飲みに駆け出した。

「娘が生まれました。名前を『ハイジ』と付けました」

カードが届いた。

パパは日本人。ママはスイス人。

名前が、ハイジなんて。まあ、ハイジだって。わけもなくうれしい。

その子が3歳ぐらいになった時、私はジュネーブ近郊のハイジ一家を初めて訪ねた。

「今日のごちそうはラクレットよ」

丸く分厚いチーズを半分に切って、切り口に上から熱を当て、溶かしたものを、ゆでたじゃがいもにつけて食べる、というもの。実に豪快。これぞスイス。すると、

「じゃ、これからたんぽぽを摘みに行きましょう。たんぽぽサラダがラクレットにはとっても合うの」

ハイジのママは言った。

ハイジの細い手を引く。はにかんだ瞳がかわいい。想像した通りのハイジだった。

庭の奥の小高くなったところに行き、たんぽぽの葉っぱを摘んだ。そっと茎を折ってみる。

昔、昔、見つめた白い汁。気持ちがシーンとなる。

たんぽぽは大きな器に入れられ、固ゆでの卵の乱切りに、おろしチーズが散らされ、あとは塩とレモンとオイルを振りかけるだけ、というシンプルさ。深い緑の葉に、卵の白と濃い黄色が美しい。

そして、やはり苦かった。でも、それがラクレットの重さと本当によく合っている。おいしい！

私はもう、寂しさを抱えた小さい女の子ではなかった。苦味は命の味だと思った。

わが家のたんぽぽは大事にしているつもりだった。写真を撮っては、花好きの友に送った。ところが、たんぽぽの数は年ごとに少なくなり、気がついた時はもうどこにも見つけられなかった。

大きな勢いの中で何かが変わっていく時には、止められないこともあるのかもしれない。

ハイハイ

コロナで外出不足のせいか、やっぱり歳《とし》のせいか……、なにかのせいにはしたくないけど、このところ、どうも体の動きがギクシャクする。腰回りが痛いのだ。この土曜日には驚いた。ついつい買い物をしすぎて、重い荷物を持って、バスのステップに足をかけた途端、どうしても足で自分の体を持ち上げることができない。なんとステップ一段が!!

何？ これ？　何が起こったのか、しばし混乱。後ろには人が待ってる。やめるわけにもいかない。なんでもないという顔を必死につくって、やっとこさっとこ乗り込んだ。

「その腰の痛さには、ハイハイするといいそうですよ」

近くの薬局の先生が言った。

「ハイハイ？」

「ええ、赤ちゃんの……」

いいかもしれない！　私は赤ちゃんがハイハイす

る姿が好きだ。トントントンとリズムよく前に進む。初めて一人で動く喜びが見える。

それで……椅子を片づけ、空間をつくり、始めた！ずるずる〜〜、なんて私の体は重いのだ。トントンなんて、とんといかない。まず目に入ったのは、床の上に食べこぼした黒豆1個、おせんべのかけら……、いったいいつのものなのだろう。考えるとゾッとするので、ハイハイを続ける。5歩進んだら、膝小僧が痛い。我慢してさらに3歩進むと、今度は足の甲が痛い。肝心の腰までさらに痛くなった。人間というのは……と嘆き節が浮かんできた時、ふとテレビで見た、コモドオオトカゲのハイハイを思い出した。あれはすごい！トントンどころか、ドスンドスンと島が揺れそう。効き目がありそう。お手本はあれにしよう。舌をぺろーぺろーと出しながら、ハイハイするのだ。夜な夜なオオトカゲに変身なんて、ゾクッとする童話が書けそうではないか。続けねば。うふふふ！

私はまだまだ大丈夫かもしれない。

かくして腰の痛みが取れたかどうか、残念、まだわからない。

真夏のクリスマス

「クリスマスのディナーは、私の息子の家に来てちょうだい。その前に一緒に泳がない？」
友達のイーナが、庭のプールで足をぽちゃぽちゃさせながら言った。

ここはオーストラリア、シドニー。南半球なので、クリスマスは夏真っ盛り。シドニー郊外の息子さんの家に着くと、タンクトップに短パン姿の家族が、総出でツリーを飾っていた。ツリーの枝には、綿の雪が分厚く積もっている。やっぱりクリスマスには雪は欠かせない！

クリスマスイブの夜は静かに過ぎ、翌朝早くから、皆、わいわいとツリーの周りに集まってきた。いつのまに置かれたのだろう？　プレゼントが山のように積まれている。ばりばりと包み紙は開けられていく。

すると、かすかに「くーんくーん」という鳴き声。

「あっ、サンタさん、お願い聞いてくれた！」

イーナの一番小さい孫が歓声を上げた。出てきたのは籠に入った子犬。抱かれて、坊やの顔をペロペロとなめる。

「サンタさん、忘れなかったね、パパ」

「そりゃ、君のことは忘れないよ」

パパはちょっと肩をすくめて私を見た。

ディナーというから夜かと思ったら、すぐ始まった。まず大きな丸いテーブルの中央に、小さなクリスマスツリーが置かれ、そのツリーの枝には、やっぱり綿の雪。続いて、ご馳走《ちそう》の皿が運ばれてきた。まずは大きな七面鳥のロースト。豚もも肉の塊のハ

ム。りんごのサラダ。ドライフルーツとナッツが入ったプディング。氷に冷やされたシャンパンにジュース。緑色のハッカのゼリーソース。これは七面鳥やハムに付けるソースだと聞いて、内心、えーっ！　だって、お肉に付けるなら、つぶつぶのマスタードでしょう。おそるおそる手を出す。あら！　これが意外にもおいしい。乾いたオーストラリアの空気のせい？

　おなかがいっぱいになると、おしゃべりが始まる。私は子犬を追いかけているイーナの孫に近づいてささやいた。

「私、この間、サンタさんに会ってきたの」

　びくっと彼の身体《からだ》が揺れる。目をいっぱいに開いて、

「どこで？」

「遠い北の国」

「そこに、サンタさんのおうちがあるの？」

「ええ、大きなベッドがあって、枕は真っ赤なお日さまの模様よ。サンタさんのご飯はなんだと思う？」

「？？？」

「ポリッジ、おかゆなの。お米をミルクとバターで煮て、お砂糖とニッキの粉をかけるの」

　すると、彼は子犬を抱きしめたまま、飛びあがると、「ママー、ママー、ポリッジつくって。サンタさんのポリッジ」と大声をあげた。

　私は嘘《うそ》は申しません。フィンランドの北の町でサンタさんに会ったのです。ポリッジも食べました。私も彼と同じ、サンタさんはいると信じていますのでね。これほんと‼

不思議なご商売

その昔、ブラジル、サンパウロの中心部に近い、でも少々怪しい道沿いのアパートに暮らしていた。今思い出すと、よくもまあと思うけど、その危うさがおもしろいと思っていたのだから、若さとはありがたい。そこで私は、ブラジル暮らしの全てを教えてもらったような気がする。

名前は忘れてしまったけど、その道に、「＊＊＊兄弟店（＊＊＊イルマンス）」という名の「食料品店」があった。でもその店は道を挟んで、二店向かいあっていて、兄弟それぞれが店主なのだった。双子ではないのに、身体《からだ》つきが同じ、小柄で、痩せていた。ブラジル人というと、にぎやか好きというのが通り相場だけど、時には、立ち振る舞いも遠慮がちで、ものすごーく寡黙な人がいる。この兄弟がそうだった。店は向かいあっているのに、両方とも、売っているものは全く同じ。まずチーズ、塩、砂糖、粉類、豆類、米類、缶詰、サラミ、たらの干物、水、安いお酒、洗剤などなど、なま物はなかった。なんでも屋さんみたいなのに、なんでもそろうわけではない。お米など買おうと思っても、毎度どっちに行こうかと迷ってし

まう。私にしてみれば、なんでこうなるの？？？なのだ。どうせなら、どっちかが、肉屋さんとか、八百屋さんとかなら、こっちも助かるのに。でもそうじゃないところが、おもしろくも不思議なところ。品物が足りなくなると、お兄ちゃんはお客さんを待たしておいて、物静かに通りを渡って、弟の方に借りに行く。またその反対もあり。その時、紙になにやら書いて渡している。どうも借用書らしい。それが案外頻繁に起こる。仕事はきちんと分けられているようだ。

ところが、そこにはネズミ兄弟も住んでいて、こっちの方は、なかなかにぎやかなのだ。石畳の道を素早く渡って、反対の店に姿を消す。

「あっ、ネズミも足りないものを向こうで調達するつもりだ」

行ったり来たりをアパートのベランダから幾度となく目撃した。


こっちは借用書はなしらしい。


そのたびに、私はクスッと笑ってしまった。

穴あきチーズを買うときは、穴の形に用心しなけりゃ。

なんとも言えない、いい風景だった？

今日、グーグルマップを回して、この通りをのぞいてみた。もう店は二つともなかった。60年も前の話、当たり前だけど。

あんずの木

八百屋さんの店先に珍しくあんずの実が並んでいたので、即買った。あんずの実は、とても気持ちよく半分に割れる。中におとなしく入っている種から、杏《あん》仁《にん》豆腐の粉が取れることはよく知られている。オレンジ色の実はあまりおいしい味ではないけれど、食べながら遠い昔を思い出した。

以前住んでいた家の庭に、見事に大きなあんずの木があった。春になると、薄い桃色の花がびっしりと咲いて、実に美しい。花の分だけ実もたくさんとれる。義母はこの木を大切にして、ジャムにしたり、お酒につけたりしていた。

その年も、あんずは満開に花を咲かせた。それはすばらしい眺めだった。いいにおいもあたりに漂わせていた。そのころ、義母は手術をすることになり、満開のあんずの花に送られるように病院に入った。70も後半になってからの大きな手術だったから、私たち家族はとても心配していた。それでも、なんとか無事に手術は終わり、付き添っていた家族も、ようやく帰宅した。する

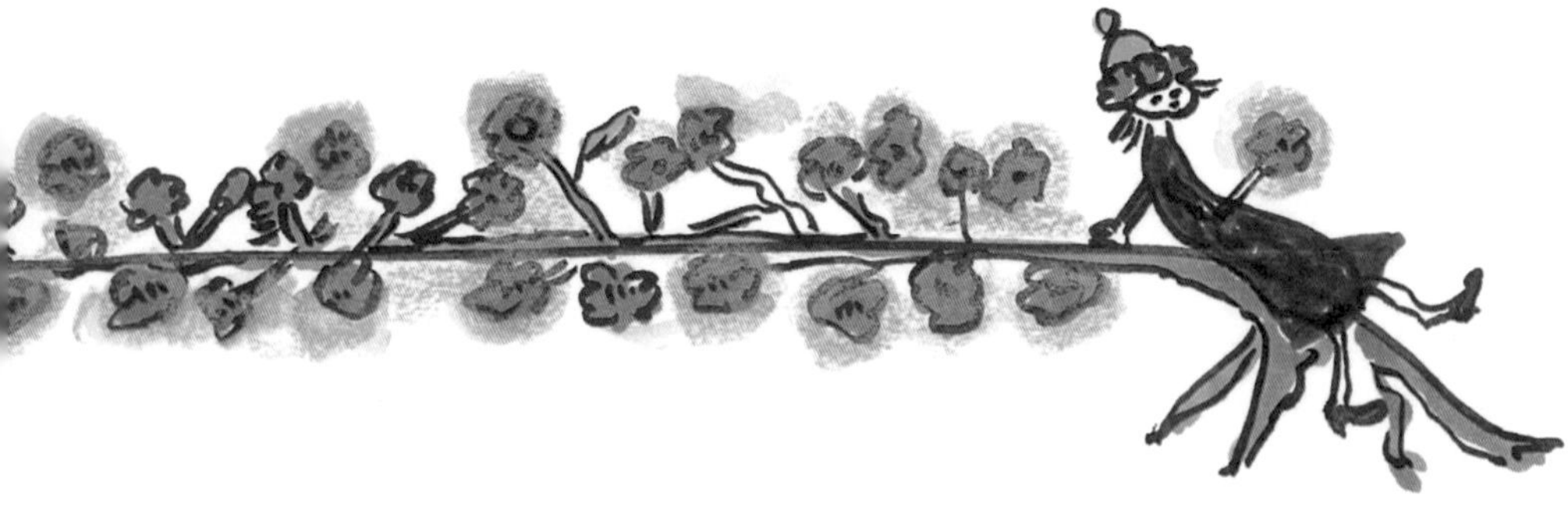

と、だれかが、縁側から叫び声を上げた。

「あんずの花がしおれている！」

見ると、満開の花のすべてがすべて、うなだれるように下を向いていた。昨日まで満開だったのに信じられないような姿に変わっていた。みんなぼーぜんと見つめるばかり。そして次の日には、しおれた花はすべて落ちた。

だれかが言った。

「おばあちゃんの、身代わりになってくれたのね」

義母は無事退院して、元気になった。あんずも次の春には、また満開に花をつけた。

それにしても不思議な出来事だった。
木というのは、根を生やし、何もいわず、四季折々姿を変えながら、ひとところにじっと立っているけど、ものすごく大きな思いを抱えているのだと、そのとき知った。信じられないような不思議な出来事。でもこれは本当のこと！

便利はおばけ

女の人は器が好きだといわれている。

そういう私も大好き。

毎月一回、骨董《こっとう》市が開かれるお寺のそばに越してしまったのが、運の尽き。出かけて行っては、小皿1枚でも買わずにはいられなくなった。かくして、徐々に、徐々に、徐々に……、器の数は増えていった。

初めて買ったのは、白地に藍の模様の小鉢だった。ほかに赤や金色の模様のものもあったのに、この藍の色しか目に入らなかった。

私が相当うれしそうにしていたのだろう、店の主人が遠慮がちに言った。

「これはね、印判といってね、骨董でも若い口でね。江戸末期か明治の初めごろのものかな」

この〝印判〟というのは、着物の染めのように、型紙をあてて色を入れていく方法のようで、手描きよりも簡単で、そのころにしては大量生産ができたのだろう。そのせいか、値段も手ごろだった。

これが意外とハンバーグ、スパゲッティーなど、いわゆる洋食によく合った。サラダ用にと大きな印判の器などもそろえたりした。何年かすると、食器棚はこの藍色一色になっていった。毎日使っても飽きがこないのも素晴《すば》らしい。

ところが、わが家にも食洗機なるものが入ってきた。なんと便利！　放りこめば、あとは知らんぷりして、遊べるぞ！　すっかりとりこになって、ウキウキと使っていたら、ある日、目をむいた。心なしか、器の藍色が薄くなっている。洗剤と熱いお湯にもまれて、色落ちしているようなのだ。あーあ、昔が消えていく！

大切な器だから、手で洗うことにしよう。でも、一度覚えた怠け心はどうしようもない。私は食洗機に耐える白い食器を徐々に、徐々に買うようになってしまった。印判の食器は棚の奥に追いやられ、骨董市にも行かなくなった。

暮らしがつまらなくなっている。便利って、おばけみたい。そっと私から、何かを消していく。

メイズ・ビスケット

紅茶は熱い方がいい。そのわきにビスケットが2、3枚。ポケットをたたくと、もう1枚出てきたら、うれしいな。さて、ビスケットの思い出をひとつ。

ずっと前……と書いて、ちょっと残念。話は何でも昔のことになってしまう。でも「思い出は魔法」なんて何かに書いたこともあった。そう、「思い出」は「今」を楽しくしてくれる魔法なのだ。

再び、ずっと前、ロンドン郊外にある「ハンプトン・コート・パレス」というお城に行ったことがある。お目当ては、そこの庭にあるというメイズ（迷路）に入ること。「世界的に有名な迷路なんだって」と噂《うわさ》を聞いていた。閉館時間が気になるので、宮殿内の見学は省略して、メイズに直行！

一見すると、よく刈り込まれた植栽が、大きな緑の箱のよう。入り口で切符を買って歩き出す。なんという木だろう。柘植《つげ》の一種？　2メートル以上の高さの緻密な生垣にはさまれて、細い道がくねくねと続いている、三叉路《さんさろ》やら、十字路やら。メイズといっても、道端に花ぐらい咲いているかと思いきや、そんなサービスは全くなし。木からのびる枝もなし。生垣はしっかりと直角に刈り込まれ、そびえ立っている。

「わー、さすがあ！　イギリス人らしい」

徹底しているのだ。あるのは迷路のみ。そっけなく、それだけ。顔を上げると、澄んだ青い空が道の幅だけ見える。こういうの大好きだ。何かが起こりそうな予感がする。あの角を曲がると、事件が!?　でも、曲がっても曲がっても、あるのは、小さな葉っぱをつけた枝が絡み合った木のみ。堅牢《けんろう》なお城の城壁のよう。はらはらと手を垣根に滑らせながら、ご機嫌で歩いていた。ふと気がつくと、空はうっすらと夕方の色に変わりつつある。建物の屋根など目印になりそうなものは、どこにも見えない。私の頭もメイズになってきた。

帰らなくっちゃ。歩く足が速くなった。こっちに行けば、きっと出口。あれ、あっちかな？　ここはさっき確か通った。どこもここも同じ顔をしている。背伸びしたって、向こう側は全く見えない。だんだん動悸《どうき》が速くなってきた。誰にも会わない。チョウチョも飛んでいなけりゃ、ミミズも這《は》っていない。他の見学客がいるはずなのに、気配もない。私だけ？　一人っきり？　閉じ込められたの？　心配は膨らんでいく。

と、道が広くなっている。見ると、隅の方に何か置いてある。薄暗い中に目をこらすと、小さなお盆に、水のボトルとセロファンに包まれたビスケットが載っていた。ひもじくなったら、これで飢えをしのぎなさい。そういうことらしいのだ。身体《からだ》中が寒くなってきた。もう出られないかもしれない。ここで遭難するかもしれない。喉も渇いていた、おなかもすいていた。お盆に手を出そうとして、慌てて引っ込めた。食べたら、本当の遭難者になってしまう。

私は思わずぴょんぴょんと跳ね、叫んだ。「ヘルプ！　ヘルプ！」

すると、遠くから声。「ヘルプ！　ヘルプ！」

私は声のする方に走る。相手も叫びながら走っているようだ。足音が聞こえてきた。

そして、私は人類に出会えた。

「よかった」座り込みそうだった。若い男性だった。

「迷っちゃって……」彼もハアハアと息をしている。冷や（？）汗も流れていた。「よかった！」と真剣な声で言った。

2人いっしょなら勇気百倍。そのあと私たちは、迷いながらも、なんとか出口を見つけることができた。

外に出た途端、2人とも恥ずかしくなって、身をすくめた。そして、お互い声も出さずに、感謝の握手をして別れた。

命拾いした心境だった。疲れ切って、バス停近くのベンチに座り込んだ。すると、「ひとつどう？」と声がする。見ると、さっきの青年がビスケットを1枚差し出している。

「さっきのメイズの……だけど」

私たち2人は、同時に「わー」って笑い出した。

ヘルプ!!
ヘルプ
help!!

どこにいるの？

今からそこそこ二十数年ほど前のこと。私は弟の腕にはめられていた時計を見たとき、思わず叫んでいた。

「その時計、ちょうだい。お願い！」

弟は怪訝《けげん》な顔をして言った。

「やだよ。これ、気に入ってるんだから」

「いいじゃない。譲ってよ」

繰り返し、しつっこく言う私に、弟は渋々腕から外して渡してくれた。

「でも、姉さん、わかってるの？　これカルティエなんだよ。高級時計だよ。ま、ずいぶん使ったから、中古だけど」

「払うから、お願い」

こうして、直径3センチぐらい、ごく薄い金色の時計が私のものになった。飾り気は全くなく、真っ当な腕時計の顔をしている。

それからはどこに行くにも、この時計（彼）と一緒だった。時間を気にするのがためらわれるような席では、目の前に置き、終われば必ず腕に巻いて帰宅し、机の決まったところに置いた。それを忘れることはなかった。2年に1回はオーバーホールに出し、革のバンドが劣化すれば、変えて、使い続けた。こんなに物に気を遣ったのは初めてだった。

ところが……、なくなった！

出かけようと、いつもの定位置を見ると、ない！

前夜、帰宅して外し、置いたことははっきりと記憶しているのに、ない！　家のどこかにあるはずだと、机の隙間、本の間は言うに及ばず、ひっくり返し、果ては懐中電灯で照らし、くまなく探した。それから今日まで、2年余り探し続けている。

次第に、あの時計は、せっかちな私が嫌になったのかもしれないと思うようになった。いつも、出発の時間、打ち合わせの時間、待つ時間、そんな余裕のないときばかり、のぞくだけだったから。

あの時計は、違う時間と出逢《であ》いたくなって、どこかに出かけてしまったのだ。カチッと動く1秒が、7秒ぐらいで動く世界でのんびりと生きてみたくなったのかもしれない。今ごろは何とかビーチの椅子に寝そべって、ゆったりと打つ自分の鼓動を聞きながら、青い空を見上げている……、なんて思ってみた。

今日、新聞にカナダで盗まれたギターが、45年後、日本で見つかったという記事が出ていた。いつか私の時計も戻ってくるだろうか。でも盗まれたのではない。あの人は、自分から出ていったのだから……。そこは難しそう。あれ以来、私の腕には時計はない。空席のままにして、待ってみるつもりだ。

なぞのお餅

私の母は岡山の和気《わけ》というところで生まれた。私が小さいころ、もう母はいなかったけど、暮れになるとその母の弟、叔父が木製のリンゴ箱にもみがらを緩衝材にして、お餅を送ってくれた……と思っていた。それは何年か続いた。箱に手を突っ込んで、探り探りお餅を取り出すのが、宝物探しみたいで楽しかった。しかも出てくるのが、並のお餅ではないのだ。直径7センチぐらいの平たい丸餅で、まわりが花びらのようにぴらぴらと波打っていて、そこに食紅で色がついていた。それも赤、黄色、緑の三色。勢いのある筆づかいで、ササッと描かれていた。美しいお餅だった。このお餅はどこか遠いところから来たんだ。遠いところから……と思うだけで、小さい私は、もううっとりとしていた。

『ラストラン』という私の作品がある。その中で母のことを書きたいと思った。それで母の生まれた家を探して、和気の街を歩いた。その家は川沿いにあった。かつては船宿だったという。もう誰も住んでいないようだった。おそらく築百五十年はたっているだろう。まるで不思議な世界から現れたように、すすけた姿で少し斜めになって立っていた。まだあるなんて奇跡のようだった。

そのとき私は、その家の古いガラスが入った玄関が開いて、赤い鼻緒の下駄《げた》を履いた女の子が出てくる幻を見た。小さいときの母だと思った。そのときの不思議な気持ちで、『ラストラン』の物語は始まった。

この旅で出会った人に、私はこのお餅のことを話した。あったら食べてみたいとも言った。でも、誰の答えも同じだった。

「そんなお餅、見たことないです」

私はほぼ80年間も母の生まれた里で、食べられていたものと思っていた。

じゃ、あのお餅はなに？

じゃ、どこから送られてきたの？　なぞ！

またまた思いはさまよい出す。

ところでそのお餅だけど……、私はこんな食べ方をした。

焼いて……まず、まわりのぴらぴらした赤い花びらをぐるりっとかじり、次に葉っぱとおぼしき緑のところをつまんで、最後にめしべの黄色を口に入れた。その順序はいつも変わらなかった。

味？　ほんのりと甘かったような。お砂糖が入っていたかもしれない。そしてかすかにカビのにおいがした。それはお餅の長旅を想像させた。

もう一度会いたい、あのお餅に。そしてあのときの食べ方で、食べてみたい。もし会えたら、こんなに長い間、しつこく思っている人がいることを、お餅に知らせてあげたい。

2

ソッパ　ソッパ　ソッパ

ブラジルでは、スープのことをソッパという。

「ソッパ、ソッパ、ソッパ」

どっかサンバ風！

足が軽く動いてきませんか？

「ソッパ　ソッパ　ソッパ
そろそろ　ソッパ
そわそわ　ソッパ
そらそら　ソッパ
そろって　ソッパ」なあんて……。

ブラジル暮らしもまだ未熟だったとき、ホームシックにかかって、ベソをかいていたら、アパートの向こう隣のマダム・ルーチが、ソッパをもってきてくれた。

「ソッパ・デ・カンジャよ。お米のソッパ」

見ると、陶器の鍋にブツブツと泡立った……これソッパ??

「おかゆじゃない！」

フーフーいいながら口に運ぶと、じつにおいしい。梅干しがあれば……ってちょっと思ったけど、自慢げにほほえんでるルーチの顔を見て、そんなわがままは引っ込んだ。

「冷蔵庫にあるもの、ニンニク、野菜、なんでも入れて、お肉だけは鶏肉で、お米は欠かせない。あとは煮込むだけ。3時間!!　具合の悪いときはこれがいちばん！　だしは私の心よ！」

ルーチは自分の胸をたたいて、パチンとウインクした。

たちまち体があったかくなり、眠くなった。

ブラジルの親戚筋のポルトガルに行ったとき、「ソッパ・デ・ペドラ」っていうスープがあると噂《うわさ》に聞いた。訳して「石のスープ」。

謎！　私の胸はときめく。

「ソッパ、ソッパ、ソッパ」

行かずしてなんとしょ。

石からだしをとるのかな……？　そういう石でも栽培してるのかな……？

しかもそのソッパで、町おこしに成功したというのだ。町の通りは「ソッパ・デ・ペドラ」の看板がずらっと並ぶ。注文して出てきたスープは、なにこれ？　っていうほど、どこにでもある平凡な顔をしている。

なーんだ、ネーミングだけか！　それで引っ張るとは、商売上手！

大きなスプーンで口に運ぶ。おいしい。ところが、飲み進み、終わりに近づいたころ、「カチン」と何かに当たった音がした。すくってみると、親指ぐらいの小石だった。スプーンの上に小石をのせて、眺めていた私に、店の主人が寄ってきて、ニヤッと笑った。

「だしは石でとってるのさ。昔話の知恵も、だし」

どうやら、河原の石をだしにして、スープをつくった、貧しいお坊さんの昔話があるらしい。

ルーチと別れてもはや60年。「だしは私の心よ！」と言った、あのソッパも、私の中で、もう昔話になっている。

ソッパに入っていた小石は、私の石コレクションになって、今でも大切にとってある。

終《つい》の靴

「履き物」はなるべくいいものを。このことを父はよく口にした。と言っても戦時中のこと、いい履き物などあるべくもない。見つけた！と喜び勇んで買ってもらった運動靴は、3日ともたなかった。なんと内側がボール紙で出来ていたのだ。うっかり水たまりに入ってしまい、見るも無《む》惨《ざん》にボロボロに崩れた。

望んでも無理な時代だったのに、父はいいものはいいものと言いたかったのだろうか。

でもいいものってなんだろう?

「赤い靴は～いてた～　女の子～～」

だからこの歌を口ずさんでは、ピカピカ光った赤い靴を夢見た。

それからまた数年して、

「赤い靴は～～いてた　女の子～～

異人さんに　つれられて～～　行っちゃった～～」

依然として赤い靴は魅力だった。でもつれられて行くのはいやだな、行くなら自分で行きたい。

私が自分の「いい履き物」を手に入れるのは、それから何十年もたってからだった。ブラジルで2年間、質素な暮らしを続けたあと、ヨーロッパに渡った。そして、ローマのおしゃれな通りを歩いていて、それを見つけた。１９６１年のこと。

その靴は、グログランのリボンがついた黒の5センチほどのハイヒールで、ヒールの裾がワイングラスのように、直径3センチほどぺたんとひろがっていた。それがなんともかわいい！貧しい旅人にはとても無理な話なのに、私は夢中で店に入った。ところがサイズが合わない。ほんの少し小さい。親指の先が痛い。でも諦めきれず、足のほうを靴に合わせることにして、大事に抱えて日本まで持ち帰った。そして我慢、我慢で履き続けた。やがてワイングラスの底はすり切れ、修理に出したら普通の靴になって戻ってきた。あれは本当に愛《いと》しい靴だった。若い頃の背伸びのおしゃれも愛おしい！

40歳も半分ほど過ぎたある日、ハイヒールを履いて歩いていた。足の疲れはだんだんと上にのぼり、肩も首も固まって、周りのことはどうでもよくなった。

この5センチばかりの高さは、人の心も体も疲れさせる。

そのときふと思った。

なぜ私はこの高い靴を履いているのだろう。

なぜ??

背が高く見えるから？

足が長く見えるから？

みんなが履いてるから？

こんなことは、どうでもいいように思えた。

「やめよう」

それ以来、私はぺたんこ靴しか履かない。

そばで言う人がいる。

「絹のドレスには合わないわよ」

それは私が決めること。

「あんたっていつも楽へ、楽へと流れるのね」

ええ、そうよ。自由のためですもの。

歩く自由はヒールと取り替えるわけにはいかないわ。

ジョジョ

これは、今大変人気の漫画の主人公たちの名前だという。

私にも、かつて同じ名前の友達がいた。彼とは私が24歳のとき、ブラジルのサンパウロで出会った。記憶は定かでないけれど、確か、彼は8歳下の16歳。まだ子供といってもいい少年だった。

月に何回か集まる友人の「フェイジョアーダ・パーティー」の席に、遅れて入ってきたのが彼だった。乱れた髪の毛をちょっと気にしながら、部屋の隅に立っていた。新顔だった。

「彼、ジョジョっていうの」

友達がお皿にバターライスとフェイジョアーダとをのせて差し出すと、その目がパッと輝いて、顔をうずめるようにして食べ始めた。かわいい顔のせいか、飢えた子犬みたいだった。

「彼、絵描きよ」

ジョジョは肩をすくめて、返事のかわりをする。

「おれもだよ」

そばで一人の青年が声を上げる。誰にもらったのか、ヨレヨレの浴衣を、革のベルトで締めて、年はジョジョより10歳は多く見える。名前はデュークといった。どんな絵を描いているのか……。とにかく名乗ってしまえば、それで通る。

みんな若く、まだ何者でもないのに、もう認めあっているのが、新鮮だった。

「おれ、歩いてきた。サンパウロで絵描きになる」と、ジョジョ。

「どこから？」

「ずっとずっと北、ブラジリアよりずっと北から」

「オーララ！　歩いてかよ！」

一斉に声が上がる。おそらくそこは、当時は道もないようなところだったろう。みんなの驚きから、土地勘のない私にもわかった。お金なんて全く持っていないように見える。でも、誰に誘われたのか、そのパーティーにいた。そして、フェイジョアーダの一皿をうれしそうに食べている。誰も何もそれ以上は聞かない。

そんな出会いから、彼は左利きの手で鉛筆書きの絵を描いて見せてくれるようになった。その手は、いつ見ても止まっていることはなかった。

その後、私は帰国し、20年後に、またサンパウロに行った。そして、サンパウロ近代美術館を訪ねた。見上げた階段の全面に、あのヨレヨレ浴衣を着ていたデュークの絵が堂々とかかっていた。でも、どこにもジョジョの名前はない。私の手元には彼の小さなイラストがあるだけ。彼はどうしているだろうとしきりに思う。

もし美術館を訪ねることがあったら、「ジョジョ」という名前を探してみてください。どこかの美術館に、彼の絵がひっそりとかかっているような気がする。

みそ汁問題

「おみそしる」「おみおつけ」

あなたの家ではどの呼び名をお使いですか？

私の育った家は「おみおつけ」だった。毎朝、毎朝、起きたときには、お鍋に出来上がっている。たいてい、いつも一家総出の朝食だったから、家中が「おみおつけ」のにおいでいっぱいだった。

私は極熱が好きで、私のお椀《わん》に注ぐときは、お鍋を一瞬火にかけて熱くしてもらった。でも、煮立ってしまうと、味が落ちる。（ところで、味ってどうして落ちるというのだろう。恋に落ちるは経験済みだけど、味ってどこに落ちていくのだろう。この表現には味がある）

ところが、残り物の「おみおつけ」も捨てたもんじゃない。おなかがすいたとき、こっそりと、お行儀の悪い食べ方をした。冷たいご飯に、冷たい「おみおつけ」をかけて、混ぜながら、口に注ぐ。「おみおつけ」が残っていればの話だけど。この「おみおつけ」かけご飯は、いつもコソコソと半分隠れて食べた。そのせいかおいしさ、倍々！

　私の父は、「おみおつけ」をつくるのがとっても上手だった。晩年、母のために、朝必ずつくっていた。前の晩に煮干しを裂いて、水につけておく。それを翌朝取り出して、火にかけ、沸いたら、実を入れる。いちばんあとにみそ。みそが溶けたら、すぐに火を止める。そして間髪をいれずに朝ご飯となる。この流れをとっても大切にしていた。

　実家に帰って、翌朝この父の「おみおつけ」を飲むのが楽しみだった。そのとき、父は必ず私に聞いた。

「おまえの家ではどんな実を入れるのかい？」

私は用心深く、「わかめ」「だいこん」「おねぎ」と答える。というのは、「おみおつけの実は一品」というのが、父のやり方だったのだ。

「いくつも入れるのは、品がない」。(味に品とはいかなるものか。この表現にも味がある)

許されるのは、油揚げにねぎの小口切り、または、豆腐にねぎの小口切りのみ。三色おみおつけは、ご法度なのだ。

うっかり、「かぶと油揚げに、小松菜」なんて言ってしまうと、気持ち悪そうにじろりっ、と見られた。でも、いっぺんにいろいろな野菜がとれるから体にいいと、私はしばしば、いろいろ派になる。

娘が結婚したとき、私は彼女の夫にすかさず聞いた。

「ぼくの家は、具沢山《だくさん》、おみおつけ派です。でもぼくは一品がいいんですけど」

おや、おや、まあ、複雑！

じゃがいも
だけ
だーい

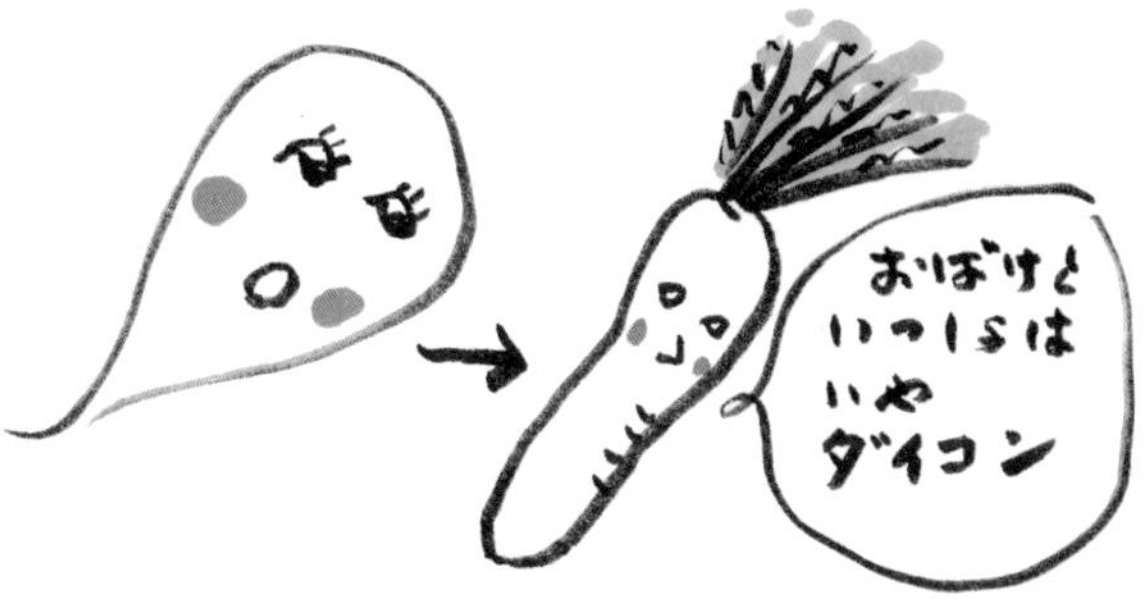
おばけと
いっしょは
いや
ダイコン

ネギは
こどくが
いい

愛してる、愛してない

「愛してる……、愛してない……、愛してる……、愛してない……」

花びらを1枚1枚ちぎりながら、こんな恋占いをつぶやいたときもあったっけ。

「アーティチョークの酢漬け入れます？」

3日に一度は、コーヒーを飲みに行く地元のバーで、サンドイッチを頼んだら、店主のマチ子さんが聞いた。

サンドイッチにアーティチョーク？　そんなの初めて！　おもしろそう。

「お願い」

出されたサンドイッチには、ハムやレタスと一緒につぼみの部分を薄切りにしたアーティチョークが挟んであった。

「えっ、これが？？？」

私の知ってるアーティチョークとは全然別物だった。アーティチョークとは、チョウセンアザミのつぼみのこと。見た目は大きな松ぼっくりみたい。色は緑。太い茎がついている。

友達のルーチは、それを丸ごとぼんと鍋に入れて、炊き込みご飯にした。これが私とアーティチョークとの出合いだった。食べたのはこれ1回きりだから、幻の料理と言ってもいいかもしれない。

作り方はこんな感じ。

1、アーティチョークの太い茎を切り、つぼみの部分の先端のとがった部分をチョンチョンとハサミで切る。

2、大鍋に豚の脂身を入れニンニクを炒め、米を入れ、これまた大きなトマトをべちゃんとつぶして入れ、かき混ぜ、かき混ぜる。

3、鍋にスープを入れ、同時に、アーティチョークを丸ごと放り込む。ふたをして、ときどきかき回して、蒸し煮にする。味つけは、塩と胡椒《こしょう》だけ。炊きあがったトマトご飯を大皿に、アーティチョークは中皿に盛りつけて、さあ、いただきます！

取り分けられたトマトご飯を食べながら、真ん中に置いてある、アーティチョークの松かさ部分を1枚ずつはがしては、根元のちょびっと柔らかいところを、オリーブオイルをつけて、しごくように食べる。

いつのまにか、つぶやいていた。

「愛してる……、愛してない……」

ところが、松かさの数が多い。はがしても、はがしても、なくならない。

「愛してる……、愛してない……」

いささかどうでもよくなった頃に現れるのが、アーティチョーク・ハートとも呼ばれる芯の部分。香りがよく、お芋のようなタケノコのような味が、何ともいえない美味《おい》しさだ。この比喩は混乱を招きそう。でも、そうとしか言えない。

そして、辛抱づよく占った恋占いの結果は——。

もちろんこうなる。

「愛してる」

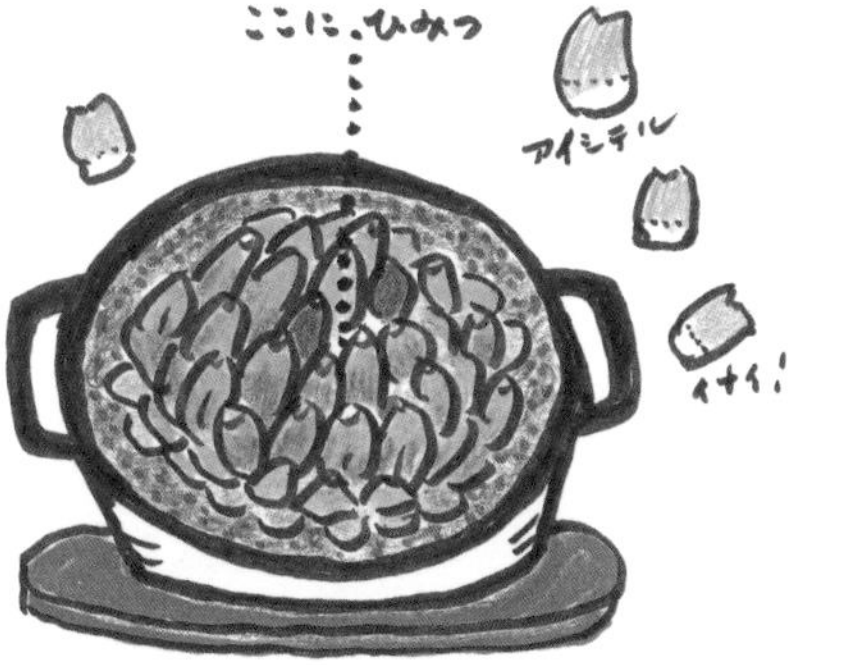

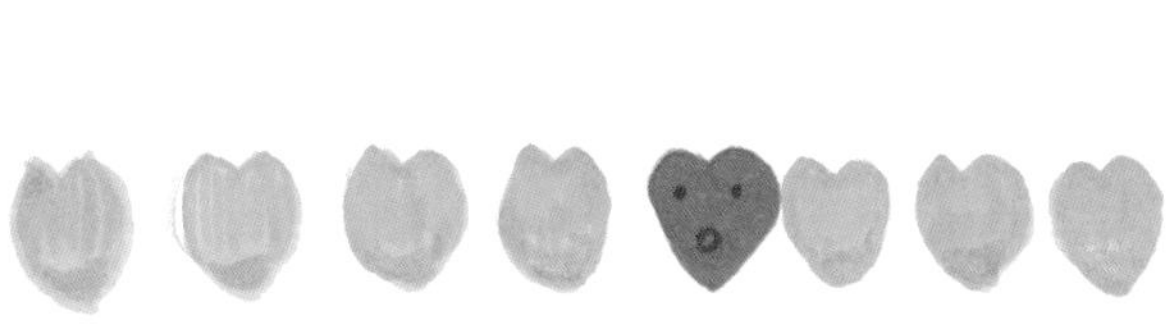

クリスマスの鍋料理

戦争も終わって、まだ5年もたっていなかったころだったと思う。

「僕の家でクリスマスパーティーするから、来ない？」と誘われた。

〝寅《とら》さん〟風にいえば、私の生まれは深川、育ちは柴又《しばまた》近くの小岩。家の宗教は日蓮《にちれん》宗。クリスマスとは全く縁遠い生い立ちだった。その僕なる人物は、近所の友達・ヒロコちゃんのいとこ、3つ年上の高校2年生。戦争が終わって、急に自由になって浮かれていた私だったから、もうホイホイとこのご招待をお受けした。

クリスマスパーティーなんて、生まれて初めて！　七面鳥の丸焼きを食べるのかな……？　ウフフフ、と私の想像はふくらんだ。

当日、ヒロコちゃんに連れられて行った彼の家は荻窪《おぎくぼ》にあった。空襲を受けなかったのか、大きな家で、絨毯《じゅうたん》を敷いた広間には、鈍く光るピアノがあった。私の胸は高鳴った。

「キリストはとっても寒いときにお生まれになったからね。本当のクリスマスパーティーはね、それをしのんで、真っ暗闇の中で、温かいものを食べるんだ。僕んちは正統派だから、いつも鍋料理。通称、『闇鍋』」

「そう、闇鍋、おいしいよね」

そばでヒロコちゃんはうなずいている。

「何を入れてもいいんだ。スリッパでも、カエルでも……」

「うそ！」

私は叫んだ。

「うそじゃない。でも、おいしいよ」

ヒロコちゃんも真剣な顔して言った。

彼の家族も、「ええ、ごちそうよ」とうなずいている。

私はビビッた。私の知ってる鍋といったら、「湯豆腐」「たらちり」「すき焼き」ぐらい。

やがて、電気が消された。今と違って、電力事情が悪かったから、途端に真っ暗闇。

火鉢の炭火の明かりは、乗せられた大きな鍋で、かすかにしか見えない。彼のお姉さんが何やら怪しげなものをドバドバと鍋に入れていく。やがてかいだことのないにおいが漂い、「ハフー、ハフー、フーフー」と、吹いて冷ましているような音が聞こえてくる。みんな食べているらしい。私は恐る恐る箸を入れ、かき回して食べてるふりをした。

「ふー、おなかいっぱーい、じゃ、いいね」の声がして、電気がつけられた。鍋は空に近くなっている。底の方に、きれいな黄色いスープが残っていた。

「えいこちゃん、おいしかったでしょ」

私は黙って下を向く。

「へへへ、引っかかった、引っかかった」

ヒロコちゃんと彼はひっくり返って喜んだ。

「ご心配なく。おいしかった。カエルもおいしかった」

私は2人をにらみつけた。

後で聞いたら、ブイヤベースというスープだそうな。

これって、ふくれっ面みたいな名前!!

パーティーのつくり方

それはノルウェー、オスロの秋だった。北国だから、林は黄色く色づいて、ちょっと寂しく美しい。

三十数年前になるか……。オスロで子どもの本の国際大会があって、私は小さなレクチャーをすることになり、参加した。大会2日目の夜だったと思う。ノルウェーの作家、トールモー・ハウゲンの家にディナーに呼ばれた。日本からの参加者数名とともに、地図を手に郊外の彼の家に向かう。細い土の道で、街灯もあまりない。もうそろそろここらあたりと思ったら、足元に灯《あか》りが見えた。それは直径10センチほどの缶のろうそくで、炎がチロチロと燃えている。見ると、1メートルほどの間隔で、道端に点々と置かれている。それは幻想的な光景だった。ろうそくをたどっていくと、トールモーの家があった。

「今夜は、サラダパーティーです」

このパーティーメニューには驚く。さほど大きくない家に、いろいろな国からの先客もいて、満員状態。キッチンには色とりどりの「サラダ」が入った大きな器が並ぶ。ポテトサラダはもちろん、マカロニサラダ、ツナサラダ、海鮮サラダ、グリーンサラダ、一品だけ、例えばキュウリだけのサラダ、にんじんだけのサラダとか、そして最後にはフルーツサラダと、工夫の数々が並んでいる。その種類の多さに、まず「ご苦労様」とつぶやいてしまう。どれも食べてみたくて、

人をよけよけ、手を伸ばす。一つ一つがおいしい。お客様を招くとなると、とかく形を気にしてしまうけど、デザートまでサラダだった。

足元を導く灯り。お客さんを気楽にさせる、シンプルネーミングの「サラダパーティー」。そこから生まれるサプライズ。お招きの楽しさが、詰まったパーティーだった。

みかんちゃん

家を建てることになって、庭ともいえない小さな空間がもてると聞くと、私は「なんにもいらないから、真ん中に1本りんごの木を植えてほしい」と言った。

実を2つほどつけた若木が運ばれ、植えられた。私はご満悦だった。木の下に寝転んで、ニュートンの見た「りんごの落下」を見られるかも。

イエス。確かにりんごの実は落下した。でも、それはこの若木がわが家に嫁入りの時につけてきた実だけ。朝、土の上にコロン、と2つ転がっていた。その後、このりんごの木はいっこうに実はつけないまま、2、3年で枯れてきた。

「りんごは寒いところじゃないと……」

植えてくれた植木屋さんはつぶやいた。

「まあ」としか言いようがない。ちょうどそのころ、仕事場を広げることになって、庭はさらに小さくなった。「みかんならここに合ってる」と植木屋さんが言う。前の道からの目隠しになればと、塀際に背丈1メートルほどの夏みかんの木を、3本並べて植えてもらった。

2年ほどしたら、これが驚くほどたくさんの実をつけた。つやつやしてふっくらとしたみかんを、しかも段ボールに山盛りに2箱も。私は嬉々《きき》として皮をむき、口に運ぶ。

激、激、酸っぱっ!! 体中が震え上がった。でもわが家産となれば、愛《いと》しい。私は毎朝搾って、我慢比べのように1つずつ、飲むことにした。体中に、「酸っぱーい!」って

言葉が鳴り響く。それでもだんだんと、酸っぱさの中に甘さがあることに気がつく。毎年花が咲き、チョウチョや蜂がきて、小さな緑の実をつけ、それが大きくなり、秋には黄色に色づく。私とみかんは酸いも甘いも理解し合い、愛し合うようになった。

ところが、数年は何事もなかったのに、2年前に、大きな台風がやってきて、海から塩の含んだ風を吹きつけた。次の日、みかんの葉はことごとく落ちてしまった。それでも今年、春になって、また満開の花を咲かせた。なんて健気《けなげ》な……。ところがまたも無残に花は散ってしまう。後に実になるはずの小さな玉もついてない。

そういえば、今年はチョウチョや蜂の姿を見なかった。傷んだ体で無理をして花は咲かせたけど、虫たちを誘う蜜まで出せなかったのか……？　痛い目に遭《あ》ったのだから、2、3年、休んだらいいわ、とささやく。

そんな時に、コロナ問題が起きた。外出もままならなくなり、私は朝、仕事前に、ベランダでコーヒーを飲むようになった。すると、みかんの木から伸びている、ごく細い枝に実が1つぶら下がっている。色づいて初めて気がついた。しかも一番傷んでる末端の細い枝に、釣り糸の先の魚のようにぶら下がっていた。私はスリッパのまま、急いで庭に降りて、実を手のひらで抱えた。実はゆがんでもなく、たっぷりと大きい。私は仲間を見つけた心地がした。毎朝、見るのが楽しくなった。だんだんと色も濃くなっていく。もうじき、食べごろになるだろう。私は1日延ばしに取るのをためらっている。このまま置いておくと、みかんはぶくぶくと太りだし、実はスカスカになる。

数日後には思いきって取ろう。搾って、一気に飲もう。

「酸っぱーい!!」って思いっきり叫ぼう。

でも、次の日から、寂しくなる、きっと。

いい子！

どんなご縁があったのか、私のところに、けん玉が3つも集まった。赤が2つに緑が1つ。棚にそろって並んでいると、ちょっとおかしくなる。だって、いたずらして、廊下に立たされた1年生みたい。でも立たされっぱなしは、かわいそう。

「やってみようか??」

ある夜、ふと思い立った。今まで、一度もやったことがない。持ち方だって定かでない。でも、まずはこのお皿にのせればいいんでしょ。

ボーン。

紐《ひも》から下がった赤玉を振り上げる。ものすごい勢いで、わが胸に当たり、「痛い！」と思わず玉をにらむ。次は、下を向いたおでこに激突。

1回でいい、成功したい。これじゃ眠れない。

でも、玉はやたら飛びはねて、からかってるみたい。

やっぱり、「才能なし」か……、と、諦めかけたとき、ポンとお皿にのったで

はないか。これはどういうこと？

それから毎晩、けん玉をするようになった。一度も成功しない夜が続く。でも、なんだか心が騒ぐ。汗もかく。

3歳上の姉に、緑ちゃんを送ってあげる。「なに、これ？」って返事が来た。「体によさそうよ」って答える。

コロナ禍で弱った体力のために……、私は毎晩続けていた。でも、一向に玉はお皿にのらず、空中を飛びはねる。

ところが、ふと気がつくと、素《そ》知《し》らぬ顔でちょんとのっているときがある。玉にも自分なりの気持ちがあるようだ。このいたずら1年生がおかしくなって、毎晩毎晩、私は、ボンボンとけん玉を振り続けた。

そこで、わかってきた。力ずくで押さえ込もうとしたら、相手は反抗する。それで、見事お皿にのったら、「いい子！」って言うことにした。すると、「いい子！」が続くではないか。気がついたら、握り手の方についているお皿にのり、横のお皿に飛びのり、それが、行ったり来たりと、5回も続くようになった。

今は7回を目指している。

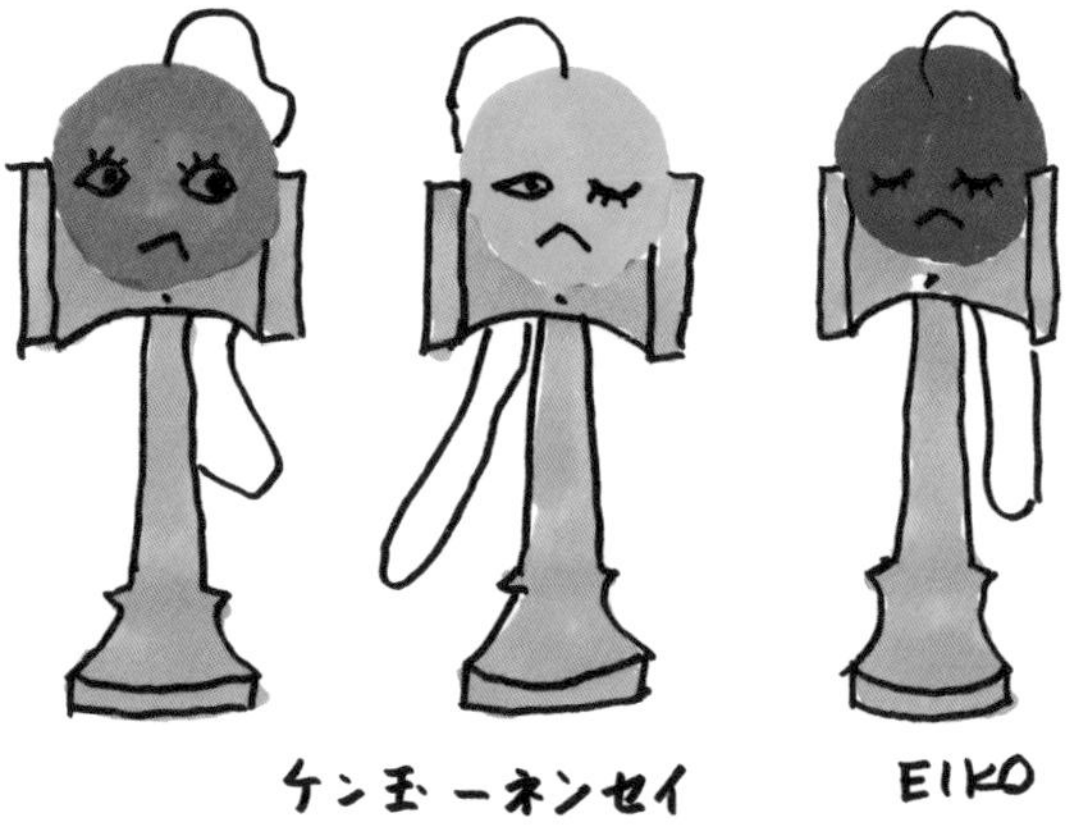

切子の鉢の中に

「興津《おきつ》へ行ってみよう」

父が突然言い出した。

予期しない言葉だった。

そこは戦争が激しくなるまで、私の家族が毎年夏休みを過ごしていた千葉の海辺の街だった。

私は、「えっ」と思った。戦争が終わって3年ほど、やっと暮らしが少し落ち着いたとはいえ、わが家にとてもそんな余裕があるとは思えなかった。

何年かぶりに見る、興津の浜辺は広く、シーンとしていた。

波は昔と同じように足元に寄ってくる。浸すと、小さかった時、砂浜で遊んだいろいろなことが思い出された。

「スイカ割りしたね」

「日焼けのチョコレート競争覚えてる？」

「イソギンチャクに指突っ込んだね」

子供3人、こんな会話を交わしながら、海辺を歩いたような気がする。

遠い昔のことで、「……ような気がする」としか言えない。

でも、はっきりと覚えていることが一つあった。

浜辺のはずれにある、宿屋に泊まることになった。

夕食が出てきた。海辺だからお刺身はあったはずだけど、ここでも食料は十分ではなく、質素なお膳だった。

父はそれを見て、「水貝はある?　あったら一つ、別に」と言った。

やがて、15センチぐらいの、透明な切子の鉢に入って、その「水貝」なるものが運ばれてきた。水の中に3センチ角ぐらいの、白い色のものと薄い桃色のものがプカプカと浮いている。

私たちは顔を寄せ合って、のぞき込んだ。

「きれい!!」

戦後の暗い電気の下でも、それはとっても美しかった。

「一つずつかな」

父はお箸でつまんで、白い方を、一人一人、口に入れてくれた。

しこしこと歯に冷たく当たる。

「うまいだろ、鮑《あわび》だよ」

父はちょっと自慢ぽく言った。私たちはこの世のものとも思えない美味《おい》しさに、首をこっくんとふるばかり。

「さ、もう一つ」

今度は薄桃色のものが、口に入れられた。

「あっ」

思わず声が出る。

それは桃だった。とろーんと喉を滑り降りていった。

なんと表現していいのだろう。この美しく、美味しい取り合わせ。

たったのかけら二つだけだったのに。

この美味しさは、記憶の中に、しっかりと残っている。あれからも、これからも出会えるとは思えない。


父は戦後を生きていくために、気持ちを切り替えようと、この旅を思いついたのではないか、今になって、娘はそう思う。

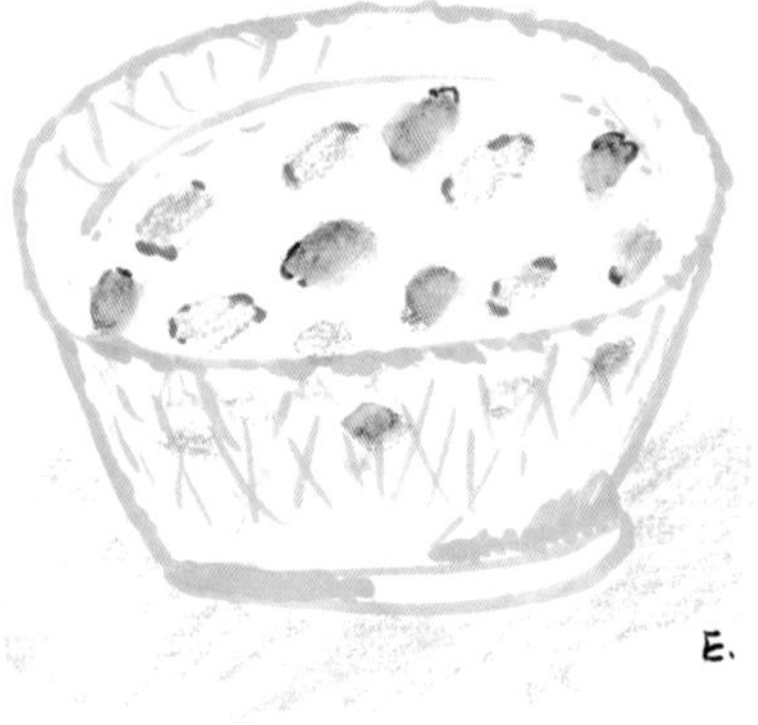

E.

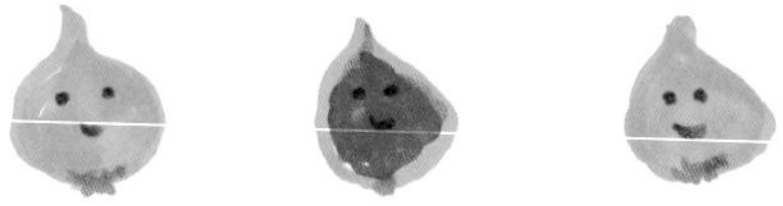

いちじくと小鳥

いちじくの季節になった。そうすると、私の胸はざわつく。目についたら買わずにはいられない。持ち帰って、焦る気持ちをなだめながら、ざっと洗って、皮もむかずにかぶりつく。でもそのたびに、私はちょっとうなだれて、ガックリとする。お店に並んでいるのは、たっぷりと大きくって、色も紫がかった赤で美しいのに、私のなかのいちじくはこれとは違うと思ってしまう。それなのに買わずにはいられないのは、やっぱり思い出とつながっているからだろう。

　私の育った家にはいちじくの木が3本あった。子供たちが喜ぶからといって、庭の木は生《な》り物が多かった。ぶどう、くり、ぐみ、甘柿、渋柿、いちじくと、ずいぶんと食いしんぼうの庭だった。その中でなぜかいちじくは、あまりいい待遇を受けていなかった。生えているのは日の当たらない裏庭か、かわいそうに、お手洗いの近くとか。しかも、いちじくの木はそばによると、なぜか体のどこかがかゆくなる。

　そんな条件の悪いところにある木なのに、毎年、よく実をつけた。いまお店で目にする実よりもずっと小ぶりで、薄緑、先がほんのりと赤くなる。すると、私たちきょうだいはそしらぬ顔でジロジロッと視線をのばす。もう甘くなったかな……。それぞれがたいそうな目利きで、いちばんおいしくなったそのときを見逃さない。登ってそのままかぶりつく。そのおいしかったこと。あのねっとりとし

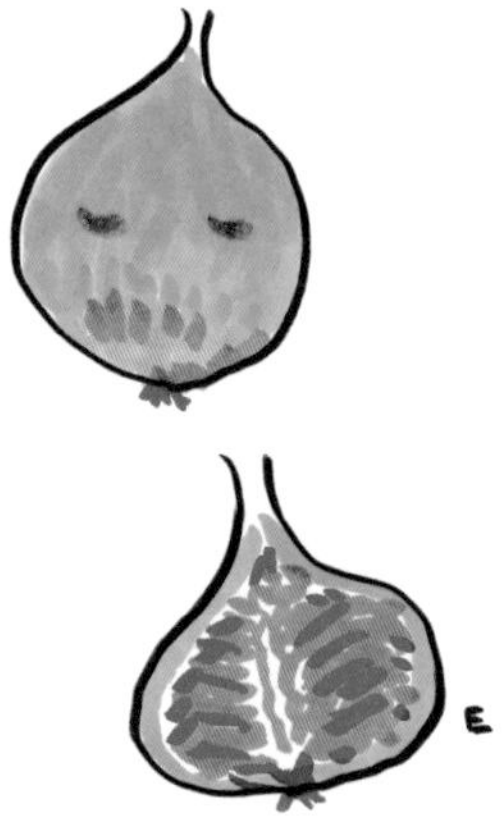

た食感と甘さは、忘れられない。時には実の中にアリが入りこんでいて、気がつかないで口に入れると、少し酸っぱい味がした。

やがて家を建て替え、庭もせまくなり、実のなる木はいちじく1本になった。争って食べた子供たちも家を出て、木のお守りをするのは父だけになった。

「また、やられちゃったよ」

父は悔しそうな顔をしている。

「今日は栄子が来るっていうから、いちじく食べさせようと取らないでおいたのに、朝起きたらもうなかった」

父より早起きの小鳥たちに食べられてしまったのだ。

「鳥はね、本当にうまいときを知ってるんだ。ちょっと待とうと思うと、こっちが負ける」

小さかったときの私たちは、鳥なみの目利きだったんだと、おかしくなった。あのころのいちじくのおいしさはいまだに舌に残っていて、そこから抜け出せないのは、ある意味不幸なことかもしれない。

それでも私は毎年いちじくを買う。そして、昔と今の微妙な味のズレを感じて、ちょっとうなだれる。

でも、あるとき、不意の来客に何もなくって、ひとつ残っていたいちじくを半分ずつにして、市販のごまだれをかけてみた。これが大受けだった。それからはこの季節、私の食卓に前菜が一品、増えた。

やっぱり時代と共に、私も変わらなくてはね。

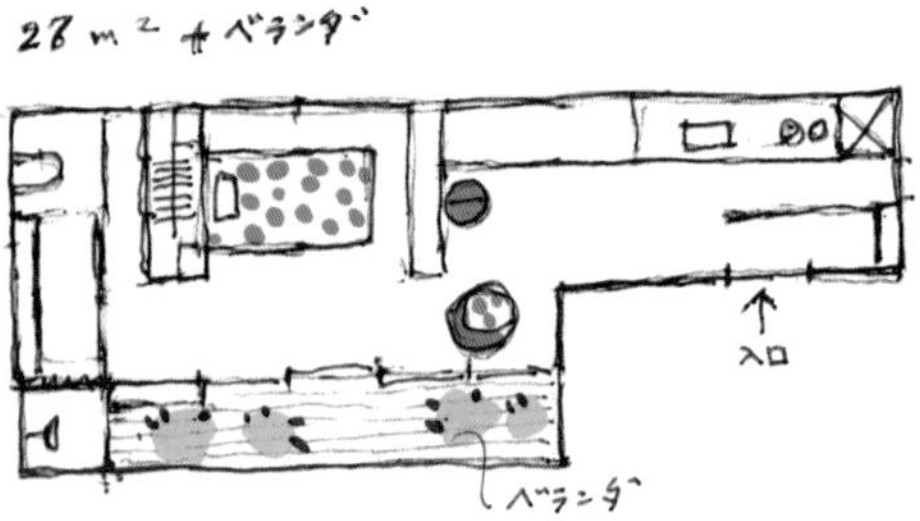

終《つい》の棲家《すみか》

毎朝、新聞にはさまれてくるチラシ広告を案外ちゃんと見る。中でもじっくり見るのが不動産の広告。そこに載っている間取りの平面図を見るのを楽しみにしている。これから住居を変えるつもりは全くないのに、でも買うつもりで真剣に見る。買ったら……と、その気になるのが楽しい。

今の家には、そこそこ満足している。でも、住んでから20年も経《た》つと、何かむずむずして、脱皮したくなる。「エイ、ヤーッ」と重なった衣を脱ぎ捨てて、居場所を変えてみたくなる。

そこでせめて紙の上だけでも「栄子の終の棲家」を設計しようと思い立った。コンセプトは老女一人がギリギリ、でも楽ちんに住める家。条件は、バリアフリーで明るい平屋。

そして始まった。1センチのマス目のノートを買ってきて、1センチを1メートルにして、その四角が1平米。

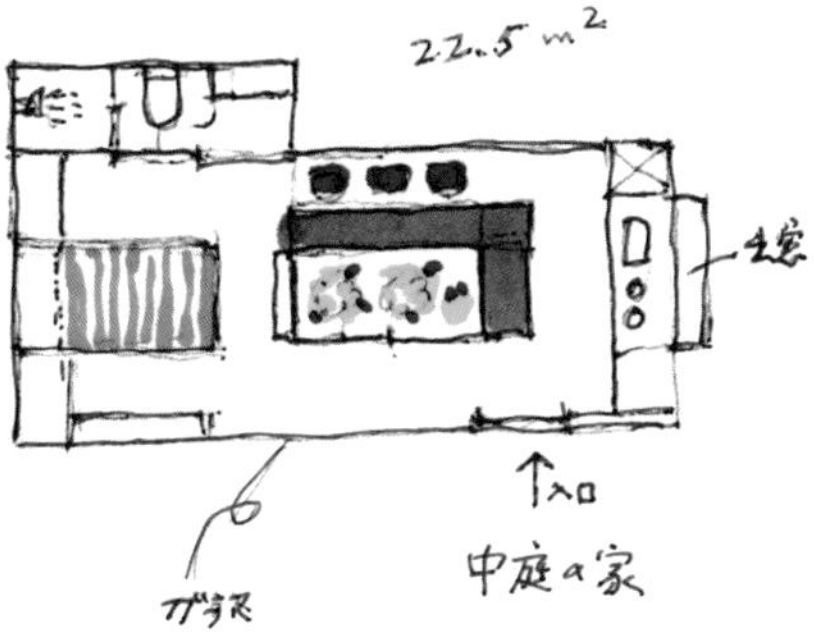

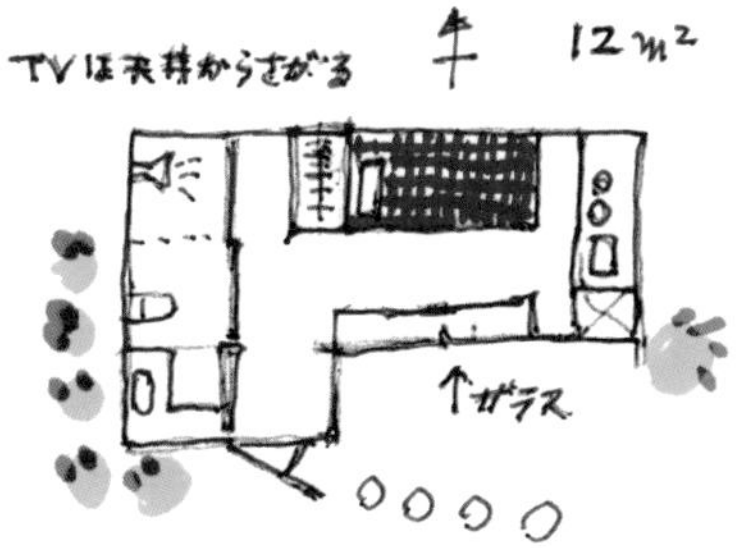

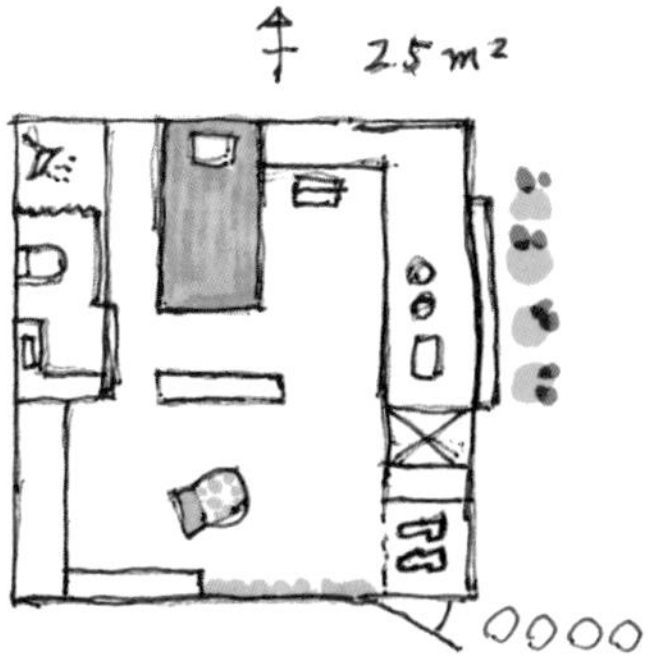

隙間の時間を見つけては描き始めた。

一日に一軒は建てよう。

トイレとか、台所とか……、絶対必要な物をうまく配置するのは案外難しい。要素が決まっているので、そんなに変化はつけにくい。きっとここが腕の見せ所なのだ。

頑張らないと！　日々努力！

初めはまだ欲があった。やっぱりこれもいるんじゃない？　とかなんとか……だんだん面積が大きくなっていく。

それを一つ一つノートに貼っていった。

そして、現在、私が到達したギリギリ終の棲家は12平米。

描きながら、そこに暮らす日々を想像するのは楽しい。「終の棲家はこれっぽっちかあ」と悲しくなることもある。

今に「終の棲家専門建築家」なんて、名乗っちゃうかも……。

そのときは新聞チラシで広告いたします。

ほそ～～い道

夕暮れはこのところ早くやってくる。仕事部屋が霞《かす》んだように暗くなる。外をのぞくと、夕日はまだ西の端にあって、光をとばしているようだ。散歩の時間は、まだありそう。

当てもなく、私は歩き出した。足は自然と海への道に向かっていた。行きなれた道だから、ちょっとつまらない……。そんなことを思いながら歩き続けて、ふと横を見ると、細い道がある。

あれ、こんなところに、こんな道があったかしら。好奇心に誘われて入り込む。道はだんだん細くなって、やがて左右が竹やぶになった。足元は笹《ささ》の落ち葉で覆われ、枝は頭の上にかぶさるようにしなっている。

背伸びすると、離れて家が二軒。いずれも人の姿はない。草ボーボーの庭に、枯れかけた赤い花がポツポツと二、三輪。離れたところに木の門が、誰かを待っているように半分開いている。入ってみようか。体が動き出して、昔見た映画を思い出した。確か、溝口健二監督の「雨月物語」。旅の男が道に迷い、日も暮れかけて、ぽつんとある朽ちかけた家に一夜の宿を頼む。「どうぞ……」と現れたのは、素晴《すば》らしい美女……。そして話はぞっとするほど美しく、無情に終わる。どこか似ている。

でもなあ……、と私は思う。話はあべこべだ。訪ねるほうが美女ならぬ、老婆なんだから。じゃ、現れるのは美しい男か?? でも戸を開けてひと目見た途端、逃げ出すだろう。夕暮れの色が濃くなって、妄想も色を失ってきた。私は入りかけて、体を止め、また怪しげな竹の林に囲まれた道を歩き出した。

ふと目を上げると、夕日の名残の光を受けて、青い海が近くに見える。サーフボードを抱えて、若者が上がってきた。私と目が合うと、ふっと笑みを浮かべた。日焼けした姿が美しい青年だった。

それから、何度もこの道を探して歩いた。でも見つからない。果たしてあの道はあったのだろうか。行き当たりばったりの散歩には、こんな不思議なことが起きたりする。

思い出は待っている

「思い出は待っている」

今、こんなセリフが出てくる物語を書いている。主人公の女の子は、「思い出って、終わったことでしょ。それが待っているって、どういうこと？」とつぶやいている。これから物語がどうなるか、今のところ、作者の私にもわからない。

私は欧米のブランドものにはあまり関心がない。でも、若いころはそうではなかった。ハンドバッグやスカーフのかわりに、雑誌や小説で読んだ欧米ブランドのカフェやレストランにものすごく憧れていた。1961年、私と夫は初めてヨーロッパとアメリカの土を踏んだ。まずはフランスに着く。とっぷりと暮れた夜空にそびえていたエッフェル塔の明かりを見て叫んだ。

「来たぞ、パリだ！　始まりだ！」

まずは、ヘミングウェイが通っていたという「ドゥ・マゴ」というカフェ、ロートレックが座っていたモンパルナスのカフェ、有名な鴨肉料理の店に行きたい。そのあとイギリスに行ったら、もち、ローストビーフで有名なレストラン、舌びらめで評判のお店。ニューヨークに行ったら、当然、「ティファニーで朝食」だ（ここはご存じ、ジュエリーの店。朝食はない）。それに本場のジャズを聴かなきゃ。ならジャズクラブは外せない。おかしいほどのミーハーぶりだった。

　ところが私たちはそのどこにも行かれなかった。本当に貧しい旅行をしていたのだ。朝食は宿屋でしっかり食べ、昼は、トマトとハムとパンを買い、公園で食べた。夜はカフェでサンドイッチとコーラを買い、ホテルですませた。ごく普通の食堂にすら、ほとんど行かなかった。1日も長く旅行を続けたかったから。1枚でも多くいい絵を見たかったから。思いは叶わなかったけど、遂げられなかった思い出は、遂げられた思い出よりずっと大きく心に残っている。

　それでも、ニューヨークでは、とてもゴージャスな一夜があった。戦後の若者らしく、私たちはジャズを、それもニューヨークで聴きたかった。有名なジャズクラブはグリニッジ・ビレッジあたりにあるらしい。もちろん入れるわけもないけど、それらしい雰囲気のところを歩くだけでも、と出かけていった。すると、どこからともなく音が聞こえてきた。近づいていくと、店の人の粋な計らいか、入り口のドアが半分ほど開いている。そこから漏れた音が路上の空気を震わせていた。スイング、スイング！　そばには私たち同様、入れない人たちが大勢スイングしていた。私たちも自然と揺れだす。白人、黒人、東洋人、大きな肩、大きなお尻が揺れている。それはすばらしい光景だった。こんな贅沢《ぜいたく》があるだろうかと思った。あの霞《かす》むようなニューヨークの夜が忘れられない。あのとき、中に入れなかった私たちは、入れたよりも、きっと、ずっと、幸せだった。

　時を経るにつれ、このときの思い出はさらに濃さを増している。そして、ことあるごとに、いい人生だったと思わせてくれる。

3

海の泡

春潮は
泡にことばを
閉じこめて

古い俳句ノートを見ていたら、こんな句が目にとまった。いつ詠んだのか、もう忘れてしまっている。

3歳ぐらいのときの、自分の姿を思い出した。
そこは外房《そとぼう》の海辺で、私は小さなお尻をぐんと上げてかがみ込み、砂浜に寄せてくる波に耳を近づけていた。波は扇を広げるように近づいて来ては、泡をプシュプシュとはじかせて、砂に消えていく。小さな私は、このプシュプシュが気になった。

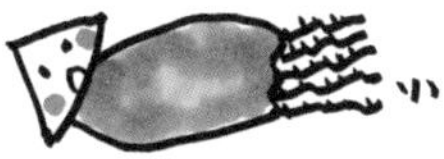

あれ、何か言ってる。聞かせて、もっと聞かせてと、つんのめるように、耳を近づけていた。

「なんて言ってるの？」と父に聞いたら、「『エイコちゃーん、遊びましょー』って言ってるんだよ」という返事。

「誰が？」

「海の向こうの子」

こんな2人の会話があったような気がする。

だって、今でも浜辺で泡のはじける音を聞くと、やっぱりどこかから呼ばれているような気がするのだ。浜辺に行くと、靴がぬれそうなほど近づいて、しゃがむ。耳を傾ける。

やっぱり聞こえてくる。懐かしい声が耳に響いてくる。

「たくさん遊んだね」

「笑い転げたね、あのとき」

「慌てて転んだね」

やだわ。過去形ばかりじゃないの。不満の泡がはじける。

すると、聞こえてきた。

「また、遊ぼうね。待ってるよ」

私はゆっくり立ち上がって、水平線の向こうへ、目を伸ばした。

未来形だ！

そーめんランチ

今から50年ほど前、4歳になったばかりの娘を連れて、ヨーロッパを2ヶ月ほど、行き当たりばったりの旅をしたことがある。

　バルセロナ行きの列車の中で出会った紳士に、「今夜の宿も決めてないなんて、あんたは勇敢なお母さんだね」と半ばあきれたように言われた。「あら、そうかしら……」って思った私は、相当外れた人だったのかもしれない。到着した駅の案内所で、その夜のホテルを紹介してもらい、気に入れば、そこに連泊した。食事は簡単なものが食べられるカフェで済ます。そんな食事でも、初めは「このチーズはおいしい」なんて大喜びだったのに、だんだんと物足りなくなってきた。

　というのは、町を歩いていると、ときどき路上の市場に出合う。つやつやの野菜や、果物、玉子などが、それは美しく並べられ、売られているのだ。立ち止まってじっと見ていると、急に、「ママのごはんが食べたい」と娘が言い出した。

「ママもお料理したくなっちゃった」

市場にあんなに新鮮なものがあふれているのに、それを好きに料理して食べられないなんて、これは旅とはいえない。そうだ、台所付きのホテルを探そう。

「うちにはそんな部屋はないわ」

スイスのグリンデルヴァルトの小さな宿屋のおばさんは言った。「そうよね……」とがっかりしてる私に、かわいそうに思ったのか、「なら、台所にベッドを置いてあげてもいいわよ」と言ってくれた。台所の床はタイル。寝相の悪い娘が落ちたら大変と、しっかり抱きかかえて寝た夜が忘れられない。

そんな台所で、まず第一につくったものは、「なんちゃってそーめん！」。髪の毛のように細いパスタを買ってきて、日本から持参したしょうゆに梅干しを入れたつゆをつくって、パスタをゆで、アルプスの冷たい水にさらして、庭のテーブルで食べた。

「日本のおそーめん！」と言って、娘は大はしゃぎだった。見上げると、アイガーの北壁が見える。備え付けの望遠鏡をのぞくと、今まさに、切り立った岩にとりついて、死に物狂いで登っている人が見える。

なんとも奇妙な……、でも、最高にぜいたくな「そーめんランチ」だったな、と懐かしい。

コロナと虫たち

若いころにブラジルで暮らしたせいか、コーヒーは濃く、苦く、ちょっぴり、これが私流。でも自分でこんな風にはとてもいれられない。それで外に飲みに行くことにしていた。ところが、コロナのために出かけられなくなった。

それで我慢のコーヒーになる。好みでないインスタントコーヒーを、大ぶりのカップに、アメリカン風にたっぷりいれる。それを片手に、ベランダにすわって、庭を見る。じっと見る。

「あ〜あ、草取りしなきゃ〜〜。でもコロナだし〜〜」

文句まじりの目つきで見てると、だんだんいろいろなものが見えてくる。その不思議さ。

まずはアリ。せかせかと走ってる。どこに、なんのために急いでいるんだろう。ときどき顔を突き合わせて、何かを話して、また離れていく。きっと、「あそこにおいしいものあるわよ」なんて……。これこそ、工夫の始まり。アリの世界に自由が広がっていく。

次にダンゴムシ。どうやらうちの庭には彼らの団地があるらしい。いつもぞろぞろとくっつきあって、あまり会話はないようだ。多分、一言ぐらい。「じめじめがいいね」

なんて……。さらにじめじめと固まって、助け合いの集団生活だ。

そしてもう一匹。家の壁にみの虫が一匹ぶら下がっている。一生みのから出られない運命のようだ。それもたったの一匹だから、話し相手もいない。かわいそうに。せめて私ぐらいは沈黙の仲間になりましょう。ところがどっこい、彼だか彼女だかわからないが、とんでもない工夫屋さんなのだ。普通、みの虫は近くの木の皮などを、ひそかに身にまとって大きくなっていくらしい。でも、うちのみの虫さんのそばには何もない。あるのはわが家の薄茶色の土壁の大海原。そこに孤独にしがみついている。ところが見ているうちに、心なしか大きくなっていくのだ。しかもだんだんと壁の色と同じ薄茶色に変わってきてる。木がなければ、土壁から……。なんと寡黙な工夫！　イノベーション中なのだ。

コロナのせいにして、「コーヒーがまずい」なんて文句を言ってはいけません。私もイノベーションしなくては。さて、では草取りでも……。

ボロボロのふきん

ブラジルのサンパウロに住んでいたころは、ギリギリの倹約生活をしていたのに、月に1、2回、お手伝いを頼んでいた。彼女はエレナといい、ハンガリーからの移住者だった。歳《とし》は40ぐらい、どこに住んでいるのか、家族はどうなのか、全く知らない。洗濯物の大きな包みを頭にのせて、アパートの廊下を歩いていたので、頼んだのだった。「ポルトガルの洗濯女」はよく知られているけど、当時のブラジルにもいた。汚れた洗濯物を預かって帰り、洗って、アイロンをかけ、2、3日したら返しに来る、という職業。私には大きなシーツを洗う場所がなかったので、頼むことにしたのだ。

彼女の仕事はすごかった。シャツは真っ白になり（漂白剤なんて使わずに、お日様にさらして白くするという技）、ピンピンにアイロンをかける。ある程度の枚数を頼まなければならないので、ついでと入れた靴下まで、ピンピンになって返ってきた。

少し親しくなったある日、「鶏をさばいてくれない？」と頼んだ。当時、この国では鶏肉といえば生きた鶏をいう。買ってきて、自分でさばかなければならない。とても私にはむりな話だ。

エレナは承知してくれ、すぐ一羽買ってきて、見事にさばいてくれた（本書では、この荒々しい料理場面は省略！）。直後に血だけでオムレツのようなも

のもつくってくれた。「おいしいよ、熱いうちに食べて」とニコニコしてる。私は後ずさりしながら丁寧にお断りして、彼女に全部食べてもらった。

やがて帰国の日が近づいて、荷物の整理を始めた。そこに居合わせたエレナは、洗濯物を届けに来たのに帰らない。もじもじもじもじ。

「欲しいものがあったら、あげるわよ」

私はつい言ってしまった。すると彼女は飛びつくように、私のオーバーコートを持ち上げた。「あっ、それは!!」。あわてて言っても、もう遅かった。鏡の前にとんでいき、袖を通し、踊りながら、笑ってる。まあ、いいか……。私は諦めた。これからの長いヨーロッパの旅を考えると、厚いウールのコートは嵩《かさ》張《ば》るもの。

次の日、彼女はばっちり私のコートを着て現れた。

「いい旅行をしてください。プレゼントです」

差し出されたのは、手づくりのふきん1枚。使ってみると、なかなか優れたふきんだった。ふきんはほかにたくさんあっても、なぜかそれを使ってしまう。

あるとき、とうとう穴が開いた。ボロボロになった。でも私は捨てられない。きちんとたたんで、今でも引き出しの奥に入れてある。見るたびに、オーバーコートを着て、喜んでいたエレナを想《おも》い出す。多分、あのオーバーコートも穴が開いてボロボロになっているだろう。なぜか、今でもエレナは着てくれているような気がする。

くりご飯

一年に一度は絶対食べたいご飯がある。

「たけのこご飯」、「豆ご飯」、そして「くりご飯」。

だけど、「くりご飯」はちょっと決心がいる。あの堅い皮をむかなければならないのだ。「柿の皮は金持ちにむかせ、梨の皮は貧乏人にむかせよ」という言葉を、子どものころに聞いたことがある。柿の皮は厚くむくと渋みがなく甘い。だから余裕のあるお金持ちに。梨は皮ぎりぎりのところが一番おいしいから、貧乏人に、ということらしい。ずいぶん露骨な表現だけど……。

ところで、くりの皮はどんな人がむいたらいいのだろう。それは食いしんぼうで辛抱強い人だ。「食べたーい!」と強く思わなければ、くりのあんなに堅い鬼皮をむいて、さらにその下の渋皮までむく根性はなかなかもてない。でも、その根性をもつのが私。おいしいくりご飯のためならと、毎年せっせとくりの皮をナイフでむいていた。

ところが、ある年、腱鞘《けんしょう》炎でナイフがもてなくなった。

諦めるか!

そのとき、パッと思い出した。数十年も前に義母がつくってくれたくりご飯。

まず、豆をいるときの道具に、小ぶりのくりを選んで入れ、ガスコンロの火を

　ぼうぼうと全開にして、たえず揺らしながらいっていく。

　すると、鬼皮は焦げ、やがてはぜ、裂け目が出来る。それを紙の袋に入れて、ゴシゴシともむと、鬼皮は渋皮と一緒にきれいにはがれて、ところどころ焦げ目のついたくりの実が顔を出すのだ。

　義母は、それをといだお米の中に入れ、塩と酒とわずかな砂糖を入れて、炊き上げていた。

　その香ばしくて、おいしかったこと。思いだしたからには、やってみずにはいられない。

　ところが、あーあ、わが家には、豆いり器がないではないか。これからはシンプルライフだと、引っ越しの時に捨ててしまった。

　それにコンロはアイ・エイチ!!

　炎がない!!　なんてことだ!

　便利と安全を取った結果、おいしいものを取り逃がした!!

〝あらかじめ〟のない料理

昔から、いろいろ計画を立てて、それに向かって、物事を進めるのが苦手だ。

今日はこうしようと思っても、しばしば心変わりしてしまう。

でもとにかく始める、やると決めたのだから。

ところが、私の頭の中には、四つ角やら、三叉路《さんさろ》やら、T字路やらがあって、ここは右に曲がってと思っても、たいていそうならない。

だって、道の端にたんぽぽが咲いていたり、知り合いが散歩していたり、トンビがあたかも、私を呼ぶように、口笛をふいていたり。

すると立ち止まってしまう。

「あら、たんぽぽちゃん」

そうなればもう、決めていた行き先はさておいて、道端に座り込み、「たんぽぽが行進したりしたら、おもしろいな」なんて思ってしまうのだ。進む方向はそのときどきで微妙に変わってくる。

それは、子供のすることでしょ。

はい、そうです。

ところが、私は8つと5つを並べた年なのです。

料理もしばしばそうなる。たいてい〝あらかじめ〟ではなくなってしまうのだ。

大根を取り出し、今日のごはんはちょっとおしゃれに、カルパッチョ。

と思っているのに、でもこれじゃ、あっさりしすぎ……。

と思った途端に、大根を大きく切り始め、鶏肉を入れる。

……おしまいはポトフに変わっている。

カルパッチョはどこへ⁇

決しておもしろく書こうと思っているのではない。本当にそうなってしまうのだ。


加齢のせいでしょ。


物事はこの言葉で、万事おわりになる。

でもこっちにも、言い分がある。頭で考えたものが、いつも体と仲良くなれるとは限らない。その時、その時、動く心に従ってみるのもいいのでは。

物語を描く時も、これと同じ。

時として、目指していたものが、勝手に動き出したとしても、むりやり、〝あらかじめ〟にひっぱりこむことはない。

「あら、私、これが食べたかったのよ！」

これで、今夜も平安ってことに。

おしゃれ道

ごく小さい時から、ちょっとした身の回りのことが気になる子供だった。

例えば、下駄《げた》の鼻緒、浴衣の模様、ご飯茶碗の模様などは、自分の好みで選びたかった。

40半ばから悲しい変化が、立て続けにおきた。それは老眼になり、髪の毛が白くなったこと。目はいい方だったのに、老眼は超スピードでやってきた。文字が薄くなり、目が痛むようになる。

(どうしよう!)

しばし落ち込み、仕方なくメガネをつくる。初めは読む時にだけ使う程度のメガネだったのに、それが次第に進み、遠近両用のメガネに変わることになった。すると、絶えずかけていなければならなくなる。私も永久メガネおばさんになるのか……、いささかショック!

ところがかけ始めると……、おや、悪くないぞと、思い始めた。そのころ、顔のシワが、カラスの足跡から、蜘蛛《くも》の巣状態になりかかっていた。それをメガネのフレームが隠してくれることを発見した。私の精神の安定にも、これはすこぶるよろしい！「あら、かわいいメガネね」なんていう言葉から、出会いの会話が始まることもあった。これもよろしい！ おしゃれアイテムとしてもメガネの立場がぐんと上がることになった。ところがメガネは、そこそこいいお値段がする。でもここは一点、メガネに投資しようと心に決めた。

同じころから、髪の毛が白くなり始めた。これは、メガネほど、いさぎよく受け入れることができなかった。いそいそと髪染めが始まる。そこそこ10年ぐらいは辛抱して、通った。2ヶ月に一度！しかも2時間もじっと座っているなんて、めんどくさがりやな私には耐えられなかった。それで、えい、やー、とやめてしまった。途中、しばらくはまだら生活を我慢しなければならなかったけど、私のストレスはひとつ消えた。

すると、おや、悪くないぞと、また思い始めた。着るものが変わってきたのだ。子供のころから憧れていた、ピンク、赤、オレンジとか、かわいい色が不思議と白い髪の毛に合う。よし、これからは遠慮なく総天然色でいこう。

ところが、きれいなものはたいてい若者向きで、サイズが小さい。胸の開きも大きく、余計なぴらぴらもついている。それなら自分でつくろうと思った。でもミシンがない。手縫いでいこう。ちくちく、ちく。この手作業は精神の安定にはなかなかよかったけど、ただ時間がかかり過ぎ、また失敗も多かった。

そんなとき、縫い物が上手な友人と出会った。しかもわが家の近くには、比較的大きな生地屋さんがある。子供のころから好きだった布を選ぶ楽しみがあるし、形も自分で決められる。しかもありがたいことにその店は、私の散歩の道筋にあるのだ。布地を見ながら、入り口から裏口へ抜けると、近道にもなる。しばしばバーゲンにも出合う。それで気に入った布を見つけると、買っておくようになった。なんて幸せ。手持ちの着やすいワンピースを布と一緒に、縫い上手の友人に送る。

「同じものをつくってちょうだい。ただポケットは必ずつけてね」

出来上がると送ってくれる。それ以来、私のワンピースはすべて同じ形。仮縫いなしの、簡単オーダー。でも布によって、雰囲気ががらりと変わる。これは発見だった！　しかも、しかも満足のおまけ付き。着心地も、お値段も。

体に合うから、心も自由になれる。ほんとうになんて幸せ！

でも、外に着ていく洋服にはいつも迷う。予定していたものが気に入らなくて、慌てて着替えることがあって、約束に遅れそうになることもしばしば。それに、あれこれ迷う時間が惜しくなるほど、忙しくもなってきた。

見るに見かねて、帰国した娘が手をのばしてきた。初めは抵抗、でも次第に耳を貸すようになった。小さい時から、色にこだわる子だったし、長

年の付き合いで、私の好みもわかっている。受け入れてみると、時には思いもかけないような取り合わせを組み立ててくれたりする。「やだ、これ」と拒否する時もあるけど、意外にも世間の評判がよろしいのだ。ちょっぴり悔しかったけど。

「おばちゃん、それかわいい」

原宿の路上で、若い女の子から言われて、いい気分。

「おばあちゃん」でなく、「おばちゃん」と言われたのもうれしい。自然と、娘とのコラボを楽しむようになった。若いおしゃれ感覚を取り入れるには、反発もあるけど、冒険の楽しみもある。

「着せかえ遊びするの、楽しいな！」

娘は、私をからかう。なにさって、やっぱり悔しい。それでもどんなおしゃれが現れるか、楽しみも増えていく。

これが、85歳の「おばちゃん」がたどり着いた、おしゃれ道っていうことかしら！

ぬか漬け

思い立って、「ぬか漬け」を始めた。このごろ発酵食品がいいと、よく読んだり、聞いたりするので、塩分過多じゃないかなあ……と思いつつ、「ぬか漬けキット」を買ってしまった。到着。いそいそとセットしながら、あ〜あ、こんなこと何度やったことだろうと思った。そのつど、続いて半年、大方は手入れ不足でカビが生え、泣く泣く捨てることになった。でも、ぬか漬けがとっても好きなのだ。特に、きゅうりとナスの浅漬け。それに古漬けの寄せ集めをみじんに切って、ご飯といただくのが。

私の実家にはほぼ百年は続いているのではないかと思う、古いぬか床があった。

まだ父が元気だったころ、実家に帰ると知らせると、決まってこう聞かれた。

「何時ごろ、到着かい？」

「きゅうりを食べごろに入れとくからね」

家に着くと、お茶が入り、緑もツヤツヤとした、きゅうりのぬか漬けを出してくれた。時々、斜めに切ったものの横に、丸ごと1本、どんと置いてあったりした。私はおどけて首を縮め、お行儀悪く、ギュッと握ってはじからポリポリと食

べる。どこかルール違反をしている気持ちが、なんともワクワク。父はニヤッと笑っている。きっと小さかった子供たちが我先に、「1本のままがいい」と叫ぶ姿を思い出しているのだろう。

ところで、私の生まれたばかりのぬか床はどうだろう。今度こそは大事にしよう。なんとか忘れてしまわないように、私は思い切って、流しの横に置くことにした。とっても邪魔、本当に邪魔なのだ。でもそうしとかないと、この老女は忘れる。

毎日、蛇口をひねるたびに、いやでも目に入る。すると、ふたを取り、手を入れてかき回す。あるものなんでも入れてみる。今はみょうが、スイカの皮、にんじん半分が入っている。きゅうりは入れるたびに、失敗する。父のきゅうりのように、ピカピカと緑に光らない。パキンとも折れない。色もくすんでいる。なぜ？　なぜ？　やっぱり愛？　それとも時間？　いいや、昔を追いかけるのはやめよう。変わったぬか漬けをつくるぞ！　チーズはどうか？　ゆで卵は？　お豆腐は？　どんどん楽しくなってきた。

月が好き

　お月さまがとっても好きだ。どんな形でも、美しい。でも、一番好きなのは半月になるちょっと前。切り口から蜜がしたたっているように見えるとき。11月の月。空気が澄んで光が濃い。

　美しいと思うと、私はみんなに見てもらいたくなる。「見て、お月さま、きれいよ」と、メールを送りまくる。日本のどこからでも見えるのに、お節介《せっかい》にもほどがある。まだ、メールがないとき、私は小さなベランダのあるアパートに住んでいた。月が美しいと、ベランダに出て、わざと大きな声で、「なんてきれいなの、さあ見てみて、お月さま!」と叫んだりした。誰も家にはいないのに、見栄《みえ》を張って、お月さまのお裾分けがしたくなる。

　ある夜のこと、ぶらぶらと散歩をしていた。ふと顔をあげると、なんと空にお

月さまがふたつ浮かんでいる。すると、空から声が聞こえてきた。

「おや、君はだれだ？」「ご覧の通り月だ。あんたはだれ？」「いや、私が月だ。あんたはだれだ！」

言い争いが始まった。おや、おもしろいことになったぞと、私はそばのベンチに座って、空を見上げた。

月たちの主張は続く。

「海に光の道をつくるのは、私だ。だから、私が本物の月」「いや、海の縁を銀色に光らせるのは私だ。あれで、鯨が縄跳びするんだ。だから私が本物の月」

「いや、私はおなかをすかせたクマの子の口に、光の飴《あめ》を入れてやった」「相手はクマの子一匹かい。こっちは、大家族の狼《おおかみ》だ。一斉に口を開けて、私の飴を待ってる。ほら聞こえるだろ。叫び声が……」

左側の月が光をビョンビョンと飛ばし始めた。あっけにとられて見つめる、右の月。

「何ぼんやりしてるんだ、手伝えよ」と左の月。慌てて飛ばし始める右の月。

「ちょっとちょっと！　私の口にも一つ入れてよ」

私は立ち上がって、大口を開ける。

飛んできたね、満月形の飴が。甘いのはもちろん、レモンとメロンの香りがした。

月夜の散歩には不思議なことが起きる。私は飴をなめなめ歩きつづけましたよ、もちろん上を向いてね。そして知らせたがり屋の私が、このことは誰にも知らせなかった。

物売りの声

「えー、アイス、えー、アイス」

「あっ、きたきた!!」

ちゃんと椅子に座ってはいられない。腰を浮かして、父の顔を見る。「ねえ、買って」というサイン。

サッと、父の手が上がる。

「お兄さん、3つ」

「へい」

夏休み、千葉の海に出かけて行くときのこれが車中のお楽しみだった。だから「売り声」は汽車のガタゴトした音をくぐり抜け、一直線に響いてくる。

「キリンパーン、キリンパーン」

これも物売りの声なのだ。

ずっと昔、香港で聞いた。

いまだにはっきりと耳に残っているのに、なんの売り声だったのか……、今でもわからない。

大きなレストランの中、いろいろな飲茶（ヤムチャ）を入れた小皿を乗せたカートを引いて、テーブルの間を縫って歩く。

「キリンパーン、キリンパーン」

それはまさに私が初めて聞いた、外国の「物売りの声」だった。

「あー、違う国にいるんだ！」

　胸がときめいた。


「ビタミーナ、ビタミーナ」

　ブラジルでこれを聞いたとき、ビタミン剤を売っているのかと思った。箱入りたばこをバラして売っていた人も見たから、ここでは錠剤も瓶から出して、1錠ずつ売っているんだ、きっと。

　ところが全く違った。いろいろな果物を目の前でミキサーにかけて、出してくれる。中には見たこともないような、果物も入ってる。つまりフルーツジュースなのだ。

　それにしても、なんてブラジルらしいネーミングなのだろう。気取ってなくて、素晴《すば》らしい。ブラジルのお日様もたっぷり入ってますよー!!

ドリアン

私がドリアンという果物と出合ったのは、1959年のシンガポール。湿気をたっぷり含んだ空気まで重たく感じる、暑い、暑い6月だった。私の乗った船はブラジルに向かっていて、積荷の関係で、一週間この港に停泊することになった。船が停《と》まれば、即上陸。港から、街、そしてまずは市場へ。

市場に行けば、食べ物に出合う。すると、その土地の人々の暮らし方や、好みまでわかってくる。このやり方はおすすめ！　これはその後、私の「旅の始め方」になった。

さて、そのときのシンガポールの市場は、見るより先に鼻をつまみたい状態だった。なにしろ、におう。

「なに？　これ？　クンクン……、ひゃー、くさーい！」

どんなくささかというと、ウンチもどきのにおい。失礼になるといけないので、さわやかな……と形容詞をつけよう。好奇心は満開。においに誘われてたどっていくと、見たこともない、ラグビーボールほどの大きさのものが山積みされていた。表面は、大仏様のヘアースタイル風のとんがりに覆われている。

「これがうわさのドリアンか……」

船で友達になった人が、うなるようにつぶやく。

「『果物の王様』っていわれているんです。うまいらしいですよ」

王様？　ひどくくさい王様だ。

売り手は身振り手振りで、「うまいよー」って言いながら、一切れ手渡してくれる。一瞬、しりごみ。でも恐る恐る手が出る。恐る恐る口に運ぶ。途端に、お互い顔を見合わせて、目を見張る。

「おいしーい！」

こんな表現では言い足りないぐらい、おいしい。タネを包んだ果肉の独特の口触り。まさにとろける〜〜甘さ！

「ねえ、一つ買って、船で食べない？」と言い出したのはだれだったか……。多分、私。

いそいそと船に持ち帰り、割る。一斉に手づかみで食べ始める。目までとろんとさせて……。

そのときだった。パーサーが飛んできて叫んだ。

「ドリアンは船では禁止です」

ハッとするが、もう遅い、船中が、ウンチもどきのにおいに覆われていた。

ドリアンに悪いから、やっぱり、「さわやか」という形容詞をつけなければね。

再び……ドライブ？

子供のころ、とっても自転車に乗りたかった。でもそのころ、子供用はおろか、女性用の自転車もなかった。あるのは、またいで乗る、ゴツくて重い自転車ばかりで、子供の体には大きすぎた。

ところが、三角になったところから反対側に足を入れ、斜めになった立ち姿でペダルを踏み、乗りこなす子がいた。しかもスイスイと軽快に走る。子供たちの間では、「三角乗り」と呼ばれていた。私も乗ってみたかった。自分の力では動かすのもやっとな父の自転車を、家の前の道まで引っ張り出して、足を入れ、ペダルにかけたところで、重たい自転車が倒れ、ガシャーンと体にのしかかってきて、ぺちゃんこにされた。悔しくって、何度もやってみたけど、１ミリも進まないうちにつぶされる。打ち傷をいくつもつくり、私はこのお転婆《てんば》を諦めた。

戦後、数年経《た》って、オートバイが出てきた。父は早速買って乗り出した。続いて、弟も乗り始める。でも私は横目で見ながらも、手は出さなかった。二輪車はもうこりごりだった。あんなオートバイが体の上に倒れてきたら……。自転車での失敗がトラウマになっていた。

それからまた数年して、通りを走る自動車が目立つようになった。自動車はタイヤが４つ、いわば、赤ちゃんのハイハイに似ている。これは倒れたりしない。今度こそ、試す時が来たと思った。でも、悲しいことに、四輪は二輪より、値段がずーっと高い。でも免許だけでも取っておこう。そして、ペーパードライバーの年月が過ぎていった。

やっと、小さな赤い車を手に入れることができた。素晴《すば》らしい。車さえあればどこにだって行ける。本当にどこにでも出かけた。「中央ハイウェイ」はもとより、ロンドンのヒースロー空港で、レンタカーを借りて、一人でスコットランドを走りまわったり、オーストラリアでも走った。ナビなんてない時代のこと、道に迷って、日が暮れて、泣きそうになったときもあったけど。それもドライブ旅行のお土産。

ところが、70を少し過ぎたころ、私は自動車と免許を手放す決心をした。まだまだ乗れると思ったけど、泣く泣く決めた。

すると、一瞬立ちすくんでしまうほど、寂しさを感じた。どこへも行けない。夜中の一人ドライブもできない。大きいスイカも買うことができない。かわりに、散歩の楽しさを覚えたけど、今でも、車の自由さを味わいたい気持ちは強烈にある。

ところが……、もうすぐ無人運転の車に乗れるようになるというではないか。

「えっ！」私の心は叫んだ。あのスピードに乗った自由な時間が、また帰ってくる。私も乗れるんだ！　無人なら年齢制限はないはず。

でもなんだか、ちょっとつまらなくなった。無人運転って、運転しなくていいってこと。行き先指定の寄り道なし。じっと座って、到着待つのみ！　大きなスイカは買えるけど……。

でも、生きてるうちに、1回は乗ってみたい。

もしかして、その時、「免許を取りなさい」なんて言わないでしょうね。そんな意地悪、許しません。

きょうの料理

きょうの料理は何にしようかな……と思いつつ、滑りのよいボールペンで、けい線のないノートにごちゃごちゃといたずら書きを始めた。私のお話づくりもいつもこんな風に始まっていく。

「そうだわ、冷蔵庫のブロッコリーを早く食べなきゃ」

こんなつぶやきが出てきた。

ところが私はブロッコリーをどうも上手に料理できない。体にいいと聞くたびに、食べなくっちゃとちょっとストレス。結果、ただの塩ゆで、マヨネーズかけの繰り返しになる。

ノートの上には、なぜか屑《くず》糸の塊のようなものを書いていた。すると、

「あっ、ブロッコリーさん」と名前が浮かんできた。

「よし、ブロッコリーさんはヘアサロンのオーナーになってもらおう」

姿形もちょうどいい。

で、他の登場人物は……おかっぱのプチトマちゃん、ドレッドヘアのポテチくん、三色メッシュのカブ子さんなんてどうだろう。……次々名前が出てくる。よし、よし、いいではないか！　もう次の話は書けたも同然。

「バンザーイ！」

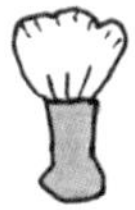

すると、近くの友人が、畑でつくったという、ひょろんと茎の長いブロッコリーをポストに入れてくれた。スティックセニョールというのだそうだ。すぐ味見をしたくなって、少しゆでてみる。それのおいしいこと！　新鮮なこともあるけど、茎が抜群においしい！　塩もマヨネーズもいらない。前歯でガシガシと、ウサギのように口に入れた。

それにセニョールという名前がいいではないか。つくりかけの話にぜひ加わってもらおう。

新人セニョールのいでたちは、蝶ネクタイでピリッと決めて、ながーい足には細身のパンツ。光る靴には素足！

「ヘッドハンティングしましたのよ」

オーナーのブロッコリーさんはたいそうな自慢。

お客さんも期待でドキドキ。

新人セニョールさんも、張り切らざるをえない。

ハサミを持って、さささーっ。

流れるようにカット、カット、カット。

歌いながら、踊りながら……。

ところが、セニョールさん、カット専門のカリスマだった！

カット、カットが止まらない。

お客さんから始まって、おかっぱのプチトマちゃん、ドレッドヘアのポテチくん、三色メッシュのカブ子さん、もちろんブロッコリーさんも……

カット、カット、カット。

ベリーショート！

これからお話はどうなるの？

私は私に聞いてみる。答えは無言。

いい気になって走りすぎた！


こんな時は、始まりに戻ろう。

私はまたいたずら書きを始める。

ブロッコリーさん、おかっぱのプチトマちゃん、ドレッドヘアのポテチくん、三色メッシュのカブ子さん、みんなおそろいの、ベリーショート。

「あっ」
私は手を止めた。

「きょうの料理はカット野菜のまぜこぜスープ……をつくろう」

ぬりえ

日本にただ一つの「ぬりえ美術館」が閉館という記事を新聞で見た。

「ぬりえ」には、思い出がいっぱいある。

多分、6つか7つのころ、お小遣いがあると、近くの「一銭店屋さん」に行っては、「ぬりえ」を買ったことを思い出した。「一銭店屋さん」という名は、今考えると、ずいぶん失礼な呼び方だと思うが、当時の子供たちにとっては、遊園地並みの楽しい場所だった。親に禁じられている、くじつき飴《あめ》、細い試験管に入ったジェリーなんかをこっそり買って、口に入れた。そのドキドキするおいしさといったら……。めんこやカルタに交じって、「ぬりえ」もあった。大きな顔の女の子（今なら三頭身）が、線描きで印刷されている。リボンをヒラヒラつけたドレスを着た女の子、角隠しのお嫁さん、キラキラ簪《かんざし》の踊り子、モダンな帽子の令嬢、A4ぐらいの大きさだったろうか。それを迷いに迷って、1枚ずつ買っては、色をぬらずに大事にしまっていた。

その日は珍しく、私と3歳上の姉と、2人きりのお留守番だったような気がする。2人とも退屈を持て余していた。それで、大事なコレクションの「ぬりえ」を取り出して、クレヨンでぬり始めたのだ。1枚ぬって、また1枚。それがなん

と半日も続いた。それを部屋いっぱいに並べて、どれもこれも最高の出来だと、2人は大興奮。この素晴《すば》らしい作品を、ぜひお父さんに見せたい。2人の気持ちはものすごくハイになっていた。それで、大きな糊《のり》の瓶を開けて、茶の間の襖《ふすま》、壁、空いているところはどこも、べたべたと隙間なく貼っていった。

「これは素晴らしい！」

2人はうれしくって跳び上がらんばかり。誇らしさもいっぱい。

父が帰ってきた。

「お父さん、お父さん、早く！　これ見て！」

2人で黄色い声を張り上げる。

襖を開けて、首を突っ込んだ時の、父の顔が忘れられない。何も言えないのだ。あっけに取られて、棒立ち。

一瞬後、鋭い声が飛び出した。

「なんてことを！　すぐはがしなさい！」

私たちはなぜ怒られているのかもわからない。ただぼー然。

それからが大変だった。はがした後がどうなっていたかは、覚えていない。今想像するに、壁と襖はしみだらけ。障子はぼこぼこと穴が開いていたのだろう。でも、あの時の私と姉の気持ちはとってもいいことをしたと舞い上がっていたのだ。

子供の気持ちって、本当に不思議。喜んでとんでもないことをやらかす。あの時の逆立った父の顔を思い出す。でも、やって良かった気もしてる、今は。

4

つまみ食い

「あなた、4月、5月に、イギリスに行くなんて、いいとこつまみ食いするようなものよ」

「はい、すいません」

私は神妙にこたえた。

この2ヶ月は、イギリスが最も美しくなる季節なのだという。

「英語、もうちょっと磨きたい」

こんな真面目な、でもうそくさい理由をつけて、50歳の春、出かけて行った。

磨きをかけるような英語力もないくせに、お勉強にひっかけるとは、いささかずるい。

噂《うわさ》の通り、ロンドンの公園もさることながら、周辺の街々がそれは美しかった。柔らかな緑が芽を出し、月並みながら、花がちらほら……。

私は調べ調べしながら、鉄道に乗り、バスに乗り、自分でもどこだかわからない街を歩いた。

途中、ケンブリッジ郊外で、一夜の宿（Ｂ＆Ｂ）*をさがした。夕闇が迫っているのに、それがどうしても見つからない。

「階段下の小部屋でもよかったら……」

泣きそうになっている私に、一軒の宿の女主人が救いの手を差し伸べてくれた。

言葉通り、小さい部屋。でも小花が散った小椅子がかわいらしい。

＊ベッド・アンド・ブレックファストの略称。主に英語圏各国における小規模で安価な宿泊施設。
＊＊プロムナードの略称。主にアメリカやイギリスの高校・大学で学年の最後に開かれるフォーマルなダンスパーティーのこと。

すきっぱらを抱えて、ベッドにはいると、やたらと泊まり客がうるさい。歓声が上がり、笑い声が爆発する。私はゴロゴロするだけ、眠れない。

「うるさかったでしょ。でも、大学の学期末試験が終わって、プロム＊＊なのよ。だから学生が大騒ぎ」

「ああ、そう」と、うなずいたものの、「お祭りなんだ」ぐらいしかわからない。宿を出たあと、そのプロムなるものをかいま見ることになった。

すれ違う学生たちがとてつもないおしゃれをしている。男の人は蝶《ちょう》ネクタイに、黒の燕尾服《えんびふく》。ズボンがしましまの人もいる。女の人は肩をあらわに出したロングドレス。赤もあり、ブルーもあり。

その人たちが、大きなバスケットになにやら食べ物と、ワインらしき瓶を入れて抱えながら、みずみずしい芝生の原っぱを歩いている。優雅なドレスとバスケットはちょっとチグハグ。原っぱをぶらぶらと歩いているのもやっぱりちょっとチグハグ。

それがなんともかわいらしい。

きれいな芝生にラグを広げ、もう酒盛りをしているグループもいる。彼らとて、このおしゃれはうれしいらしく、大はしゃぎ。そばを通る私に顔を傾《かし》げて、はにかみながら気取って見せる。

バスケットの中身はなんだろう。まあ、イギリスだから、サンドイッチなんだろうと思いつつ、のぞいてみたかった。

こんな美しい光景を見て、やっぱりこの季節はいいとこつまみ食いなのだと納得。でも、バスケットの中身のほうもつまみ食いしたかったなあ、なーんて。

昭和

気に入っていた靴下の親指のところに穴が開いた。もう何年もはいていたのだから、お礼の一つでもつぶやいて、さよならしてもよかったのだ。ところが、私は、このお別れがどうしても出来ない。なんとかはき続けたかった。

そうだ、出来るじゃないの。こんな繕いは、戦時中何度もやってた。

そこで、めったに使わない針箱を出し、老眼鏡でやっとこさ針に糸を通し、さて、穴をふさごうとしたら、靴下はくねくねして、なんともやりにくい。あ、そうだ。昔は靴下に電球を入れて、繕ったんだった。でも、ボール形の電球しかない。じゃ、ジャガイモなら……。でも重い。ふと、思いついた、ペットボトル！

これが大成功。私は穴から離れたところから、チクチク縫い始め、穴のところは糸を渡し、横糸にした。それから縦糸を横糸にチクチクとくぐらせて、穴のところをふさいだ。やっているうちに、しみじみと思いだした。こんな

作業をやったのは、10歳にもならないときだった。かじかんだ手で繕わなければ、飛び出した親指をしもやけにしてしまう。数少ない靴下や足袋を、そうしてはき続けた。

　戦後しばらくして、アメリカ製のナイロンストッキングが流行《はや》りだした。とっても高価なものだったから、大切に大切にはいた。でもどこかにちょっとでも引っかけると、サーッと走るように縦にやぶれていく。〝伝線病〟と、私たちは呼んでいた。それを細いかぎ針でひっかけひっかけ、繕っていく。とてもスキルのいる仕事だった。でもおしゃれのために、一生懸命だった。

「これって昭和っぽくない?」

　このごろ、こんな言葉をよく聞くようになった。多分、懐かしんでいるのだろう。でも、昭和だっていろいろだ。戦前の昭和、戦時中の昭和、もちろん戦後の昭和もある。それぞれ大きく違う。全く違う。高度成長期の物があふれ、あの大汗をかいていたようなときも、もちろん昭和だった。

蓮《はす》の穴で考え込む

蓮を輪切りにすると、旅の気配がちょっぴり漂う。蒸気機関車の車輪を思いうかべてしまうのだ。しゅうしゅうぽっぽ、しゅうしゅうぽっぽ……、このごろ旅に出てないなあ！　目下、旅飢病です。

冬の初めになると、毎年、見事に太った「蓮」をまるまる1本、友達が持ってきてくれる。私はすぐ洗って、5ミリほどの輪切りにして、フライパンにオリーブオイルをたらして、中火でじっくりと焼く。そのとき、蓮の穴からじわじわと油が染み出してくるのを見ていると、ああ、季節のある国に生まれてよかったと、つくづく思う。蓮は口に入れると、シャキッとしているのに、どこか優しい粘りがあって、二階建ての味がする。

片面、黄色に色が変わったのをひっくり返して、あれっと思った。蓮は中央の穴は除いて、まわりの穴は8個とずっと思っていた。それがどうもおかしい。どの蓮も、7個までは大きさもほぼ同じで、形のいい穴がならんでいるのに、8個目は1

個を半分にしたような小さいのが2個並んでいる。それを1個とみるべきか……。でもなぜ？　たまたまそうなったとも思えない。どの蓮も同じなのだから。なぜ、一つだけこんないびつな形になってしまったのだろうと気になった。

気になると私の妄想は始まる。

どうも8番目の穴は一見いじけているように見えるけど、実は競争大好きで、だれより一番じゃなくちゃ「いや！」。そんな穴ちゃんなんじゃないかしら。場所は一番いいとこが欲しい。目を据えて、にらみ、おしくらまんじゅうしているうちに、なぜか、最下位。悲しい場所になってしまった。

そういうことってある。兄弟6人で育った私がそれ。ケーキを切り分けて食べるときなんて、目を皿のようにして、一番大きいのを獲得しようと、狙いに狙い、迷いに迷っているうちに、なぜか一番小さいのを取っているなんてことが……。どうしてこうなっちゃうのって言葉が体中を駆けめぐる。

蓮穴ちゃん、あなたの気持ち、わかるよと、うなずきながら、蓮をひっくり返したりしているうちに、黄色く焦げ目がついて、食べごろになる。もう一度サッとオリーブオイルをかけて、塩とこしょうをつけながら、いただく。美味《おい》しい。簡単。これ一番。

そして今は切り分けるケーキを買うこともなく、大きい、小さいも、気にならなくなった。でも、やっぱり競争相手は必要！　心をザワザワさせたい。

孤独なスープ

背中がぞぞっとしたら、それがお化けのせいではない限り、鶏を一羽買って帰ろう。あれば、小柄な鶏を。なければ、半身。それもなければ、もも、むね、ももと3つ。

もし高熱が出て、動けなくなったら困る。食べるものは用意する。いつだって、食欲だけは落ちないから。

これが私の危機管理。

来るぞ、来るぞ、風邪が来るぞ。背中と、足首が叫びだした。

大鍋に水を入れ、買ってきた鶏を入れる。にんにく、まるごと1個。しょうが、ゴツゴツぐらいを1個投入。にんにくとしょうがの常備は、これまた最高度の危機管理。

肩がこわばり、喉が、ガサガサ……、やっぱり来たぞ。

いつでも座れるように、コンロのそばに椅子をスタンバイ。煮立った鍋を弱火にして、アクをすくい続ける。ここまで出来たら、しめたもの。あとは、ベッドに潜り込む。

1日目、ホロホロになった肉を食らう。塩、こしょう、一味とうがらし、あるものかけて。

2日目、スープを小鉢にとって、みそ、マヨネーズ、粉チーズ、あるもの何でも溶かし込んで、ディップにして、肉を食らう。

3日目、骨についた肉をこそげ、軟骨をしゃぶり、トロトロのにんにくをすする。ここで肉とはさらば。

4日目、じゃがいも、にんじん、たまねぎ、あればセロリ、ズッキーニ、まるごとスープにぼかぼか入れて。煮えたら、切って、塩かけて……。あればバター。あればおかか……、これは意外な味方!

5日目、残り少なくなったスープに、ご飯を入れる。塩、黒こしょうが最高。あれば、途中からレモンを搾り入れる。これも意外な助っ人!

6日目、風邪去りぬ。

まめまめ、みずたま

さやに入ったグリンピースを見たら、買わずにはいられない。

「水玉ごはん」をつくるのだ。これは一年に一度と決めている。

お米をといで、お酒とちょびっとお塩を入れる。ご飯はあくまで真っ白にしたいから、寿司《すし》飯のときのように、昆布でだしはとらない。

ところがこれからが難しい。お豆はまんまる、そして透明な翡翠《ひすい》色に仕上げたい。あくまでも、あくまでも。

ところが大抵失敗してしまう。豆がお抹茶色になってしまったり、豆が割れて、ご飯がお抹茶色になってしまったり。

「豆と一緒に炊くからいけないのよ」

そばからだれかの声がした。あらかじめ、豆だけゆでてご飯にまぜれば、形も翡翠色も壊れない、というのだ。

なーんだ！

ちょっぴり悔しいけど、やってみた。そうしたら、それは美しい翡翠の「水玉ごはん」が出来た。この美しいご飯は、残しておくと色が変わるので、分量は慎重にはかって、残りがでないようにする。これには相当こだわる。翌日、寝崩れた美人には会いたくないので。

この水玉へのこだわりは、子どものころと関係があるような気がする。かすか

に記憶に残っている洋服が、水玉模様だった。その洋服は赤い地色に、ちょうどグリンピースぐらいの大きさの白の水玉が散っていた。袖はちょうちん袖だった。これが私の洋服の基本になってしまった（今でも、出来ればちょうちん袖を着たい。まさか……）。女の子の絵を描くと、水玉模様。魔女だって、お決まりの黒い服を着せないで、黒玉模様にしたりする。すると、下手な絵が少しまとまって見えるのだ（自己満足）。

娘のお下がりの古いソファが家にやってきたとき、この機会にと、少し紫が入った赤色に、白の水玉が散っている布地で、隙間なくくるんだ。クッションも、カーテンも、ランチョンマットも、テーブルクロスも。同じ水玉。全く懲《こ》りないのだ。

そして、今年の「水玉ごはん」も大成功！ 入れるのは、やや濃い藍色の印判の器と決めている。上等な古伊《こい》万里《まり》より似合う。この印判というのは、主に明治、大正ごろにつくられたものらしい。かすかに西洋のにおいが感じられる。水玉模様も大体同じころに流行《はや》りだしたのではないかしら？？？ だから似合うのだと、勝手に思っている。

ツギハギが好き

テレビでよく街歩きの番組がある。外国であったり、日本であったり。食べ物屋さんがいろいろ映し出される。どこもおいしそうだけど、そのためだけに電車に乗って行く気には、もうとてもなれない。（唯一、おそば屋さんだけは例外で、いつか行くつもりでメモしたりしているけど、いつになるやら）

その街歩きの番組の中に、「古着屋さん」が集まっている街を映した番組があった。ここには強烈に行きたくなった。

好きな色の古着を買って、ツギハギして、おもしろい洋服に仕立ててみたい。できれば超アブストラクトに。こんな風に簡単に書いているけど、これは案外難しいのだ。色の相性はもちろんだけど、布が同じような風合いのものを見つけなくてはならない。絹と麻は合わないし、ツイードと木綿は合わない。それから、どこか時代が似通ったものでなくてはならない。なら、ご自分のタンスの奥を探せば、いっぱい出てくるんじゃないの？って言われそうだけど。それではずっと引きずってきた自分好みに偏りそうだ。出会いのおもしろさを目指したい。それに、このツギハギ作業には、ちょっとした孤独な時間がないといけない。もしかしたらこれがいちばん大切かもしれない。でも今は……、そんな隙間の時間がない。いつもどこか焦っている。この世の残り時間を考えると、そうなってしまうのかもしれない。

エイコ

こんなツギハギを、私は今まで2回したことがある。一つは、ブラジルで、小さなアパートで暮らし始めたとき、窓からの強烈な朝日に困り果て、知り合ったおばさんから古着を一抱えもらった。それを形かまわずじょきじょきとハサミで切って、チクチク縫った。これから言葉もわからないこの国で生きていけるのか……。そんな不安を一針一針は薄めてくれた。今、このツギハギカーテンは1枚の写真となって残っている。

もう一つは、娘が生まれて、1年もたったころ、私はガウンが欲しくなった。1枚の布からどうつくるのかはわからなくても、ツギハギならつくれるかもしれない。古いセーターをかき集め、12センチの正方形に切って、切り口を黒い毛糸でかぎ編みにしていった。それをいくつもいくつもつくって、これを黒い毛糸で一つ一つつなげていった。イクメンなんて言葉の欠片《かけら》もなかったころのこと。小さい娘と2人っきりの毎日は、大人の会話がなかった。チクチクチクチクは、自分を確かめる時間になった。

色合わせには工夫をした。黒い毛糸が額縁のようになって、案外、いい感じに出来上がった。でもセーターの厚みがそろわないので、どこか膨れて、どこか縮んで、着るとどこかよじれた。今はない。どこにいったのか……。でも、色は美しかった記憶がある。体を入れなかったら、モンドリアン*とは言わないまでも、イロドリアンだったなと思いたい。

さて、あの街で古着を買って、アブストラクトにツギハギをして、自慢できる時間が私にあるや、なしや。

＊19世紀末から20世紀に活躍したオランダの画家、ピート・モンドリアンのこと。「新造形主義」と呼ばれる画期的な美術理論を提唱した。

卵さま

友人と日常のあれこれを話していたとき、不意に聞かれた。

「角野さん、ないと焦るものは何？」

「そうね、食洗機の洗剤！」

私はとっさに答えた。

「おお、リアル！」と友人は笑い転げ、「私は卵」と言った。

「あっ、私も！」

「卵さま」

こう呼んでもいいと思うくらい、私は卵を尊敬している。

中学生のころだったか、美術の先生は、机に黒い布を敷いて、卵を1個ポンとのせると、「今日はこれを写生しなさい」と言った。

「卵を描くの？　ただの丸じゃない。簡単、簡単」

軽い気持ちで描き始めた。ところが、これが難しい。いくら描いても、どうしても卵にならないのだ。ただの鉛筆書きの楕《だ》円形。卵がもつ、有一無二の形にならない。違う、違う、卵はこんな形じゃない。卵には、俗な人間は受け付けない不思議な力があった。

戦時中、疎開先の農家で、納屋に住んでいたことがあった。壁の板は隙間だらけで、ある日、母屋で飼っている鶏が忍びこんで、卵を1個産んだ。本来なら、飼い

主に返さなければならない。

「うちで産んだんですもの、うちのもの」

私はそう言い張った。もう何日も卵を食べていなかったから、この機会を逃してなるものか。それで弟と半分こして、ご飯にかけて食べることになった。手に卵をのせると、ほんのりと温かく、ずしりと重い。

「持ってごらん」

弟の小さい手にものせる。

さて、割ろうと、小鉢の縁にぶつけたとき、間違いなく、私は胸に痛みを感じた。半分こだから、割ったら、よーく混ぜないと、片方にズルッと白身だけ入ってしまうのは避けたい。ケンカの元になる。2人で代わりばんこにしつっこく混ぜて、きちんと分けて、ご飯にかけた。一膳のご飯にはあまりにも少ない量だったけど、それでも、あの卵の味は忘れられない。

卵は本当に偉い!! どんなときでも慰めてくれる。


ある日、いろいろなお店を巡り歩くようなテレビ番組で、「とろとろオムレツライス」なるものを紹介していた。料理人はポンポンポンと卵を4個も割って混ぜ、フライパンでオムレツをつくると、チキンライスの上にのせた。するとオムレツは真ん中から割れて、出来たての黄金のように、チキンライスの上に広がっていった。

「4個も使うの?」

私は思わずため息をついた。そして思った。

卵、4個の世の中が、ずっと続きますようにと。

カリコリが好き

「『フィッシュ・アンド・チップス』ってなに?」

イギリスに長期滞在することになったとき、友達に聞いた。

「お魚を油で揚げたのと、じゃがいもを揚げたのをつけ合わせにしたものよ。イギリスの国民食ってとこね」

私の胃袋は、わーと叫んでいた。お魚のから揚げは、大好きな食べ物のナンバースリーには入る。これさえあれば、慣れない異国での暮らしもオーケー。飢えはしのげる。ホッと安心……?

魚屋さんで小型のアジを見つければ、どうしても買ってしまう。薄く粉をふって、油で二度揚げする。それを甘酢に漬ける人もいるけど、私はそのまま塩でいただく。カリコリと、音も気持ちいい。小魚だけではない、カレイも、ハゼ(これはちょっと骨が硬いけど)も、ゴツゴツのオコゼも。味も大切だけど、このカリコリがそれを上回る。

エビフライにエビの天ぷら。エビはあまり好みではないけど、しっぽのカリッと揚げたところは大好き。ところが世の中の人たちはあれを残す。「もったい

エイコ

なーい、もったいなーい」と、私は横目でにらむ。あんな美味《おい》しいものを、なぜ、なぜ？　思わず、「ちょうだい」と言いそうになり、ぐっとこらえる。その気持ちを、私はくいしんぼのおばけの話で書いた。このおばけはエビフライのしっぽが大好きなのだ。

小さな読者から、こんな手紙が届くようになった。しめしめ、仲間は増えつつある。

「エビのしっぽがだいすきになったよ。おいしいね」

ところで、大英帝国の「フィッシュ・アンド・チップス」だけど、入国後、勇んで買って、落ち込んだ。フィッシュはタラの切り身で、小魚ではないのだ。全くカリコリがない。そこに鼻も曲がるような強いお酢をかけて食べる。これが国民食か！　でもこれで引き下がってはだめだ。私は持参したお醤油《しょうゆ》をかけて急場をしのいだ。ところがこのごろ、あのツーンとしたお酢をかけて食べたくなっている。あんなに顔を背けたのに、私の舌はいつの間にか洗脳されていたのだ。

その「フィッシュ・アンド・チップス」の値段が、このごろのインフレでたいそう高くなっているらしい。そう聞くと、ますます恋しくなる。私ってへそ曲がり。

サイズ問題

　このごろ、身につけるものに文句が多くなっている。自分の体が歳《とし》とともに、わがままになってしまった。

　今、問題にしているのは、ソックス。色が気に入った！と手に取ると、婦人用は22センチから25センチと書かれている。私の足のサイズは23センチ半だから、履いて履けないことはないはずだと、色や模様につられて買ってしまう。すると、夕方には足が締めつけられて悲鳴を上げる。

　それでは大きいサイズの紳士用を、と思っても、かわいいおばあちゃんが欲しがるようなデザインのものはない。そして、文句が出てしまうのだ。

「自分好みを、自分サイズで選びたーい！」

　ところで、クリスマスの靴下サイズ問題。大きな広間に、ツリーが飾られ、そばの暖炉には靴下がつるされる。こんなしつらえから、お楽しみのクリスマスは始まる。そして一日一日が近づくのを、楽しみに待っている。日本のお正月も、一夜飾りはいけないといわれているけど、クリスマスはどの家庭でも、ずっと早

くから飾りつけは始まるようだ。楽しみを待つ、このわくわくした気持ちは、まだサンタクロースを信じている小さい人たちにはたまらない。

その、ツリーのそばにつるされる、家族それぞれの靴下。サンタクロースの贈り物はその中に入れられる……ことになっている。お父さんの靴下は大きくて、赤ちゃんのは小さくてかわいい。「たくさんほしい」からといって、ジャイアント馬場さんの靴下をつるしてはいけないのだ。自分の靴下でないと。それは、その人の身の丈サイズに合った贈り物を、サンタクロースが選んで入れてくれることになっているから。欲張ってはいけません。そういう意味を含んでいるらしい。

でも、今年、私はワンサイズ大きい靴下をつるしたい。メモを添えて。

「ごめんなさい、サンタさん。これが今の私の身の丈です。ゆるゆるの身の丈になっちゃったんです」

私の下関の家

迎えに来た友人の車で、宇部の空港から下関に向かっていた。海峡に沿った道を走るのはいつだって、ワクワクする。

この海峡の流れが時間によって、1日に4回、全く反対方向に変わると聞いた時、すごーい、ドラマチック！と、思わず腰が浮いた。その流れが変わる瞬間って、どんなことが起きるのだろう。

海の水に色がついているわけではないから、向こうから来た流れと、こっちから来た流れがぶつかる瞬間を、どう見分けるのだろうか。それとも、向こうから来た流れは、こっちから来た流れに道を譲ったりするのだろうか。私の頭はぐるぐると動く。（すいません、科学的知識皆無！でもネットで調べません。愚かなままで、ぐちゃぐちゃ愚かに考えさせてください）

そのチェンジの瞬間、その時を見たい。

私の気持ちは次第に膨れていった。

話は変わる。その後に、また、この海峡沿いを走っていた。すると1本の旗に目が留まった。

〝売出し中。新築マンション〟

「ちょっと、止めて止めて！」

そのマンションは、全く海峡ギリギリに建っていた。

「ちょっと見てみたい」

売出し中の物件は、３階の３ＬＤＫだった。見事に海峡ギリギリに建っている。窓から釣りができそう。

ここに住んだら、毎日、毎時、海峡の流れを見ていられる。自分の生の目で、流れが変わる劇的な瞬間も見られる。

「ここに移って来たい」

私はつぶやいていた。

「ほんと！」

すぐさま友人も乗り気。私の気持ちはウキウキのまま、その日の仕事を終え、ウキウキのまま、下関のお魚を食べ、ウキウキのまま、ホテルのベッドに入った。そしてウキウキとこの町での新しい暮らしを考える。東京の家のあの本たちをどう動かそうか。旅するたびに買ってきた、あのごちゃごちゃした、小さな人形たちをどうしようか。東京に帰ったら、あれをこうして、これをああして。

気持ちの中で、もう引っ越しを始めている。

次第に、重いものを動かしているように、体がだるくなってきた。今度の買い物は小さな人形じゃないのよ。同じ旅先でも、大きな買い物なのだから。だんだんウキウキが沈んでいく。

妄想の引っ越しで疲れたのか、朝、目を覚ますと、どよんと疲れていた。

「やっぱり……、無理だわ。80のおばあさんには」

私が言うと、友人はつまらなそうに言った。

「あなたが来たら、楽しいことしようって、考えて寝られなかった」

その後も、下関に行くたびに、あのマンションの脇を通る。

そのたびに、私はわけもなく悔しい気持ちになる。

……だけ料理

「あなたにとってごちそうといったら何？」

そう聞かれたことがあった。豪華なごちそうには、ほとんど執着がない……。

好みは超簡単料理。それを「……だけ料理」と命名してる。

「……だけ」とは？　素材は一種だけ。あとは調味料だけ。だからといって、けちんぼでも、怠け者でもありません……。手抜きでも、愛がないのでもありません……。ただ、美しさと、おいしさと、素朴さを求めています。

おみおつけの実は一種類と、わが家では決まっていた。

「いろいろ入れるのは、品がない」

これは父の言葉だった。食べ物に、〝品〟？　子どもたちは首をかしげた。

「そばは『もり』に限る」

のりやらがついたものは、そば本来の〝品〟を損なうというのだ。夏になると、よくおそば屋さんにかき氷の出前を頼んだ。

「『すい』を五人前」

注文選びは、父が主導権を持つ。子どもたちは、当然派手なイチゴやメロンが食べたい。一斉に抗議する。と、返ってくる言葉は決まってる。

「色に品がない」

かくして、かすかにシナモンの香りがする透明な蜜のかかった、真っ白のかき氷が届くことになる。

そのせいか、シンガポールの屋台のかき氷を見たとき目が回った。赤、黄色、オレンジ、緑、青、その全部が、抽象絵画のようにかかっていた。もちろん、即、私は注文した。でも、目の前ににぎやかなかき氷が置かれたとき、家族そろって縁側に並び、真っ白なかき氷を食べているセピア色の風景が浮かんだ。

あ〜〜、もうあの風景は二度とないのだ。心がシーンとなった。

私は気をとりなおし、かけ声をかけた。

「よし、江戸の敵はシンガポールでうつぞ」

そしてスプーンを極彩色の氷の中に入れた。味？　もちろんもちろん、おいしかった!!　勝利の気分も最高だった。

時を超えて、なぜか未《いま》だに「……だけ料理」が好きなのです。でも、もう一度言いましょう。けちんぼでも、怠け者でもありません。手抜きでも、愛がないのでもありません。ちょっぴり得した気分は残りますが。でも〝品〟となると、判断に迷います。

それで、私の「……だけ料理」を少しだけご紹介。

『たまねぎだけスープ』

水はほんの少しにして、たまねぎがとろんとろんになるまで煮る。塩少々。それだけ！

『れんこんだけスープ』

水を入れ、れんこんが柔らかくなるまで煮て、ミキサーにかけて、塩とこしょうとオリーブ油。それだけ！

『キャベツだけサラダ』

その昔、台湾で、肉まんでなく、『キャベツまん』を食べた。ふかふかと湯気の立つおまんじゅうに、キャベツのせん切りを炒めたものだけしか入ってないのだ。「肉を忘れられた！」と思って、となりの人を見たら同じだった。でもその味のすばらしかったこと。未だに『キャベツだけまんじゅう』以上においしい中華まんに出会っていない。その後、私は『キャベツだけサラダ』をつくるようになった。キャベツをごくごく細いせん切りにして、ちぎったのりとおかかをかけ、ごま油としょうゆをかける。

たまには、ごちそうだってつくりますよ。

『ステーキ！』

でも、味は大根おろしとしょうゆだけ。「……だけ料理」のラインナップはまだまだ続く。『にんじんだけサラダ』『きゅうりだけサンドイッチ』は平凡だけど、『しょうがだけチャーハン』『にんにくだけチャーハン』もいける。そして、ぜひごちそうしたくなるのは、超簡単、しかも超美味の「……だけ料理」！

『バターとおかかだけ混ぜご飯』

お茶碗《わん》に炊きたてのご飯を入れたら、すかさずバターとおかかを混ぜ、しょうゆをかける。それだけ！　打ち合わせに時間がかかって、この「……だけ料理」を編集者に振る舞ったことがある。

「わー、おいしい‼」

この言葉以外の感想はなかった。ちょびっと鼻が高くなる。

でも、いくらなんでも「……だけ」ばかりではありません。『のらねこスープ』というのもつくります。材料、大集合です。これは〝おばけのアッチ〟の友だち、〝のらねこボン〟が歌いながら教えてくれました。

「たべものだって、のらになる
まず　れいぞうこ
いた、いた！
みすてられた　のらやさい
みつけたぞ　なぞのにく！
きって　ちぎって
おなべにいれて
おみずを　たっぷり
にること　のらじかん♪」

……続きはまたいつか！

指はものを言う

ブラジル人の友達が、親指と人さし指と中指をシュルシュルとこすり合わせて、「これがたりない」と言った。「これってなあに？」と聞く私。「金だよ。マネー」「へー、そうなの。私の国では親指と人さし指を丸めて表すことはあるけど……」。彼はその言葉に、こっちがびっくりするほど動揺して、「エイコ。この国では絶対そんなことをしたらダメだよ。それはとっても下品な表現だから。相手を怒らせてしまうかもしれないよ」。

指言葉は御用心だ。

子供のころ、どこだったか……道を歩いていて、「あの人、何してるの？」と人さし指を向けて言ったことがあった。途端に父が、私の指をおさえて下ろすと、「人様に向かって指をさすのはいけません。失礼だ。お行儀が悪い」と言った。その一言は、私のなかに、ずっとしみついていて、それからはやったことはない。

ところが、このごろ、指さす人を、テレビのニュースでしばしば目にして、とっても気になっている。その人は、

アメリカの歴代の大統領たち。オバマ氏も、トランプ氏も、バイデン氏も。こればかりは党派に関係ないらしい。例えば、記者会見場。待ち受けている、大勢の記者たちの前に大統領が出てくると、盛大な拍手がおきる。このとき、当然カメラは大統領に向けられる。すると、これまた拍手をしながら進み出てくる大統領は、その合間に、必ずと言っていいほど、人さし指を、2、3回は前方に軽く向けるのだ。

「やあ、やあ」と気楽な表現のようだけど、さされた相手はだれなのか！　失礼ではないのか。お行儀が悪いではないか。私はとても知りたくなる。

「君、お手柔らかにたのむよ」、それとも、「あんたをひいきしてるよ」って、合図なのかしら。そんな気持ちが大統領にないとしても、「あっ、私のことだわ」なんて、勝手に思い込む人はいるかもしれない。だって、人さし指は一点をさすものだから。しつっこい私は、指のさす先を見たくなる。でも、カメラは大統領を見つめて、動かない。ちょとでもいいから反対側を見せてくれないかな。その指からひそかに伸びるビームの先を突き止めてみたい。ちょっぴり意地悪の目で。

一筋の煙

グーグルで世界地図をよく見る。このごろでは、ストリートビューなるものもあって、かつて訪れた外国の街の路地裏までも見ることができて、涙もにじむ懐かしさに浸ったりしている。この地図は、１年か２年ぐらい前のものといわれているけど、そうだとしても世界は大きく変わった。リスボンで毎晩のようにご飯を食べていたレストランはもうない。リオデジャネイロのコパカバーナ海岸沿いの建物は、高さが厳しく決まっていたはずなのに、今や、でこぼこ！　あの美意識はどこにいってしまったのだろう。

　１９５９年、６月のある夕方、私の乗っていた船はシンガポールを出航して、マラッカ海峡を西に進んでいた。

夕日が空を桃色に染め、そこかしこに点在している小さな島が、夕暮れの中にだんだんと隠れはじめていた。

私は甲板に立って、周りの空気の色が変わっていくのを飽きずに見つめていた。すると、遠く霞《かす》む小さな島から、一筋細く煙が立ち昇ってきた。それは真《ま》っ直《す》ぐ、真っ直ぐに空に向かって昇っていく。夕餉《ゆうげ》の支度がはじまったのだろうか。今夜のおかずはなにかな……。おなかをすかした子供たちが火を囲んでいる姿まで見えるようだった。

それは美しい夕暮れだった。思い出の中でも、一番といえるほど美しい夕暮れだった。

いま、この海峡は〝海の銀座〟といわれるほど、たくさんの船が行き交っているという。

ふと思いたって、眠れぬままに、深夜、マラッカ海峡を探して、ググる。船は？　島は？　いくら拡大しても、見えるのは海だけ。ストリートビューは、ここまで来られない。おかげで、私の思い出の海峡は、あの優しい風景のまま私の中にいてくれる。

まだら、まだら

「おむすびのご飯は、あらかじめ、お塩を入れて、混ぜておくといい」

料理の先生がそう言っていたのを聞いたことがある。

「えっ」

私は思わず声を上げた。おむすびは手のひらに塩をサッと塗って、握る。それが私のやり方だったから。ご飯全部にお塩が混ざっていたら、おむすびのご飯全部が同じ味になってしまう。

「それじゃつまらない！」と、私は思った。

おむすびを一口頬張る。

「あれ、ちょっとお塩が濃かったかな……」

そしてまた一口。

「あれ、今度は味がない」

味は「まだら、まだら」と口に迫ってくる。

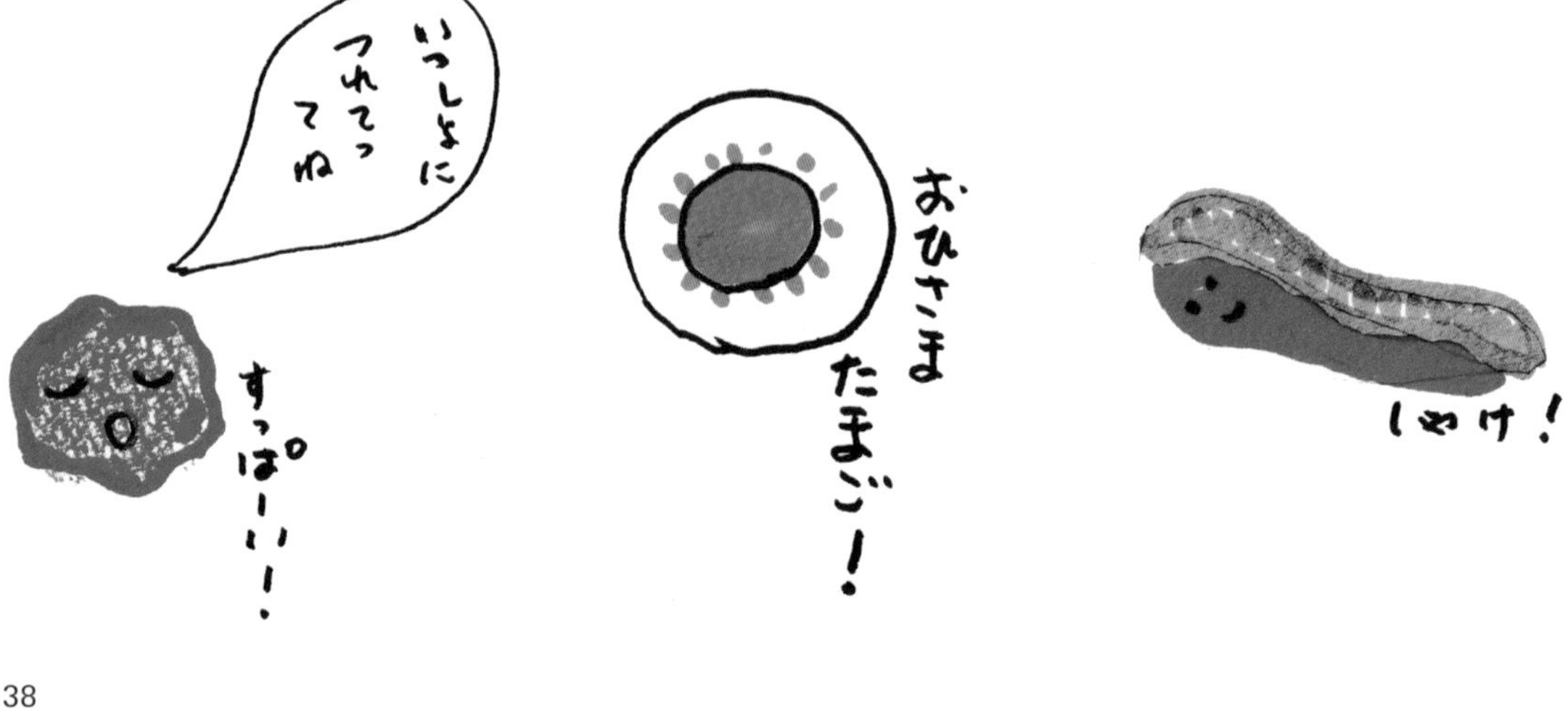

そこがおもしろい、またおいしい。

こんな当たりくじみたいな食べ方が私の好みなのだ。

枝豆をゆでる時も同じ。あらかじめ、枝豆をよく塩でもんでからゆでるといい、といわれても、それでは、お豆一粒一粒との出会いが平凡なものになってしまう。

お豆それぞれの個性を尊重したいから……。

ゆで上がったら、私は「まだら、まだら」と塩をふる。

お豆だって言いたいはずだ。

「わしらだって、甘いのも、辛いのもあるのよ。いろいろ隠してるんだから!!」

そんな隠れてる味と出会いたい。

私は性懲りもなく出会いにこだわる。向こうからやってくるのは何かなって、いつも、そう待ち構えている気持ちでいたい。

あらかじめ分かっちゃうのはつまらない。

たとえ毎日の決まりきった食事にも、そのワクワク感を感じていたい。

物語を読む時のように。

おわりに

わたしはふーせんおばさん。
飽きずにふーせんおばさんやってます。
鼻をクンクン、目をきょときょと、
おもしろそうだと、あっちに飛び、
いいにおいがすれば、こっちに飛び、
雨が降ったら、昼寝して、
まだまだ　ふーせんはしぼみません。
そう、まだ元気です。
でも、ここらで、ちょっとひと休み。
またね。

じゃ、またね！

角野栄子のこれまで

- **0歳** 1935年 東京・深川に生まれる　1月1日生まれ！
- **9歳** 1944年 山形・長井へ疎開　いちばんの泣き虫でした
- **18歳** 1953年 早稲田大学に入学　花の女子大生！
- **22歳** 1957年 紀伊國屋書店出版部に入社　ドキドキの新入社員
- **23歳** 1958年 結婚する
- **24歳** 1959年 自費移民としてブラジルへ　2か月の船旅！
- **26歳** 1961年 ヨーロッパ、アメリカを周遊♪
- **31歳** 1966年 娘が生まれる　名前はリオ！
- **35歳** 1970年 初めての本『ルイジンニョ少年 ブラジルをたずねて』を出版　作家デビュー！
- **47歳** 1982年 『大どろぼうブラブラ氏』で産経児童出版文化賞大賞

「海の泡」（76ページ）
「ぬりえ」（106ページ）
「卵さま」（122ページ）
「切子の鉢の中に」（62ページ）
「クリスマスの鍋料理」（54ページ）
「ドリアン」（98ページ）
「一筋の煙」（136ページ）
「名前はバカヤロー」（16ページ）
「不思議なご商売」（26ページ）
「ソッパ ソッパ ソッパ」（42ページ）
「ジョジョジョ」（46ページ）
「ボロボロのふきん」（82ページ）
「思い出は待っている」（72ページ）
「そーめんランチ」（78ページ）

49歳 1984年 『わたしのママはしずかさん』で路傍の石文学賞

50歳 1985年 『魔女の宅急便』で野間児童文芸賞、小学館文学賞

51歳 1986年 『魔女の宅急便』でIBBYオナーリスト文学賞

54歳 1989年 『魔女の宅急便』がスタジオジブリ作品として映画化

65歳 2000年 紫綬褒章受章

鎌倉にお引っ越し♪

79歳 2014年 旭日小綬章受章

81歳 2016年 『トンネルの森 1945』で産経児童出版文化賞 ニッポン放送賞

83歳 2018年 国際アンデルセン賞作家賞

84歳 2019年 江戸川区区民栄誉賞

「おいしいふ～せん」の連載開始！

85歳 2020年 デビュー50周年

88歳 2023年 紫式部文学賞
江戸川区角野栄子児童文学館オープン

人生、まだまだこれから！

「つまみ食い」（110ページ）
「パーティーのつくり方」（56ページ）
「みかんちゃん」（58ページ）
「ぬか漬け」（92ページ）
「いい子！」（60ページ）
「コロナと虫たち」（80ページ）
「ハイハイ」（22ページ）
「終の棲家」（68ページ）

角野栄子
かどの・えいこ

東京・深川生まれ。大学卒業後、紀伊國屋書店出版部勤務を経て24歳からブラジルに2年間滞在。その体験をもとに書いた『ルイジンニョ少年　ブラジルをたずねて』で1970年作家デビュー。1985年に代表作『魔女の宅急便』で野間児童文芸賞、小学館文学賞受賞。2000年に紫綬褒章、2014年に旭日小綬章を受章。2016年『トンネルの森 1945』で産経児童出版文化賞 ニッポン放送賞を受賞。2018年に児童文学のノーベル賞ともいわれる国際アンデルセン賞作家賞を受賞。2023年11月に江戸川区角野栄子児童文学館が開館。

装画　角野栄子
ブックデザイン　高田明日美
(Permanent Yellow Orange)
写真　田渕睦深
校正　円水社

＊本書は、『NHKきょうの料理』テキスト（2019年4月号～10月号、2019年12月号～2023年9月号、2023年11月号～12月号）の連載をまとめたものです。なお、「おしゃれ道」は書き下ろしです。

おいしいふ～せん

2023年11月5日　第1刷発行

著者　角野栄子
©2023 Kadono Eiko
発行者　松本浩司
発行所　NHK出版
〒150-0042　東京都渋谷区宇田川町10-3
電話　0570-009-321（問い合わせ）
0570-000-321（注文）
ホームページ　https://www.nhk-book.co.jp
印刷・製本　大日本印刷

乱丁・落丁本はお取り替えいたします。
定価はカバーに表示してあります。
本書の無断複写（コピー、スキャン、デジタル化など）は、著作権法上の例外を除き、著作権侵害となります。

Printed in Japan
ISBN 978-4-14-005740-7 C0095